LECCIONES DE UN VIAJERO

LECCIONES DE UN VIAJERO

Doce lecciones vitales para avanzar
con éxito en el viaje de la vida

EDGARDO PEÑA

WHITAKER
HOUSE

Edición:
Belmonte Traductores
Manuel de Falla, 2
28300 Aranjuez
Madrid, ESPAÑA
www.belmontetraductores.com

LECCIONES DE UN VIAJERO:
Doce lecciones vitales para avanzar con éxito en el viaje de la vida

ISBN: 978-1-62911-373-9
eBook ISBN: 978-1-62911-374-6
Impreso en los Estados Unidos de América

Whitaker House
1030 Hunt Valley Circle
New Kensington, PA 15068
www.whitakerhouseespanol.com

Por favor envíe sugerencias sobre este libro a: comentarios@whitakerhouse.com.

1 2 3 4 5 6 7 8 9 10 11 22 21 20 19 18 17 16 15

Contenido

Introducción

LA VIDA, UN VIAJE

Estamos viviendo un tiempo muy especial. Es un tiempo en el que elaborar planes y definir metas es una labor cada vez más importante. Somos gente del camino; la vida de cada uno de nosotros se dibuja sobre un camino del que somos caminantes. Somos el desarrollo de una trama, el cumplimiento de una historia, un proyecto exitoso de Dios que está en pleno desarrollo.

> *"El camino de los justos es como la luz de un nuevo día: va en aumento hasta brillar en todo su esplendor."*[1]

Desde la perspectiva de Dios, la vida debe ser como lo afirma el anterior texto bíblico: un camino que va adquiriendo mayor luminosidad a medida que se recorre y el tiempo avanza. En este sendero no hay decadencia, sino resplandor creciente, y el punto final de este camino debería coincidir con el punto más alto en la experiencia de vivir. Este texto no hace referencia a la belleza de los colores del amanecer, sino a su característica primordial: una brillantez que va en aumento.

Querido lector: Evidentemente, en su nariz todavía hay aliento de vida, y esa es la evidencia de que las mejores cosas de su vida aun no se han cumplido. ¡Claro! También debemos saber que esta propuesta divina se hace real sobre la base de una cierta condición de vida, de una vida vivida en rectitud, con todo lo que este concepto implica. Esta reflexión nos ayuda a enfatizar que en verdad la vida es un camino, y que cada uno de nosotros es verdaderamente un viajero.

La vida es una aventura, un recorrido en el que Dios quiere llevarnos en continuo desarrollo, de modo que se vaya cumpliendo en cada uno de nosotros el sueño del diseño, el sueño con el que el Creador asoció nuestra existencia a la expresión de su propósito. Como dice el Salmo:

> "*¡Te alabo porque soy una creación admirable!*
> *¡Tus obras son maravillosas, y esto lo sé muy bien!*
> *Mis huesos no te fueron desconocidos*
> *cuando en lo más recóndito era yo formado,*
> *cuando en lo más profundo de la tierra era yo entretejido.*
> *Tus ojos vieron mi cuerpo en gestación:*
> *todo estaba ya escrito en tu libro;*
> *todos mis días se estaban diseñando,*
> *aunque no existía uno solo de ellos*".[2]

En el anterior texto bíblico, su autor profundiza, por medio de un canto, en el propósito de Dios al crearnos. Una de las declaraciones más poderosas es cuando afirma que cada uno de nosotros ha sido "*entretejido*". Esta expresión en su lenguaje textual significa también adornar con colores, marcar con puntos, trazar una línea, escribir, dar variedad, jaspear, tramar, tejer, zurcir, forjar hábilmente. El rey David, autor del anterior Salmo, habla también de un libro en el que son registrados los sueños y las ideas del Creador con respecto a la existencia de cada una de sus criaturas. ¿Será, entonces, que podemos hablar de un libro de los sueños de Dios con respecto a cada uno?

Al reflexionar sobre lo anteriormente expuesto, podemos deducir que el pasado no constituye la mejor etapa de la existencia porque, a la manera del vino bueno, las mejores cosas del camino para un viajero están más hacia el "final" que hacia el "principio". Sin lugar a dudas, todas las personas hemos vivido momentos sublimes en el pasado, pero la esperanza en la que se basa el diseño del Creador para sus criaturas nos dice que las mejores cosas siguen esperando por nosotros. En este orden de ideas, mi invitación es a que dejemos de vivir la existencia refiriéndonos a lo sucedido en el pasado, mirando siempre por el espejo retrovisor. Por el contrario, la invitación es a que vivamos motivados por la expectativa de un buen futuro, e inclusive por la expectativa de un buen término del camino de la vida.

Prólogo

LAS DOS DIMENSIONES DEL VIAJE

Una de las experiencias más emocionantes de la vida es aprender a desentrañar su "misterio" caminando con Dios. La vida es compleja. Vivir es un reto permanente. Casi siempre es como caminar en medio de la oscuridad; es como moverse en medio de un laberinto donde todo el tiempo somos sorprendidos por el "sinsentido". Paradójicamente, para algunos que caminan con Dios, el asunto no es muy diferente.

Formo parte de una generación a la que se le dieron casi como las únicas razones para caminar con Dios, o bien el asalto repentino de la temida muerte, o bien la aparición del anticristo apocalíptico. En ambos casos, el recorrido de la vida o la experiencia de vivir el tiempo que faltara para que lo uno o lo otro aconteciera, no era objeto de mayor preocupación. Lo anterior obedece seguramente a que se da por sentado que la finalidad de la vida es un concepto claro, o como si en última instancia no hubiera

Vivir es un reto permanente.

respuestas para quien quisiera averiguar algunas claves para el viaje de la vida.

La experiencia de la vida es semejante al recorrido de un viajero. Su viaje tiene dos dimensiones en las que se desarrolla la vida, y que le dan un sentido completo. Una de estas dimensiones es la eternidad; la otra es la dimensión de tiempo y espacio.

La dimensión de la eternidad en el viaje

Al analizar el diseño de su origen, el ser humano es un espíritu que está conectado con el plano natural por medio de un cuerpo físico.

> *"Y plasmó Dios al hombre, polvo de la tierra. E inspiró en su faz soplo de vida, y vino a ser el hombre en alma viviente."*[1]
>
> *"Él ha hecho todo apropiado a su tiempo. También ha puesto la eternidad en sus corazones; sin embargo, el hombre no descubre la obra que Dios ha hecho desde el principio hasta el fin."*[2]

Al contrario de lo que se piensa, existe un concepto que explica que el ser humano es espíritu y que de allí parte todo lo demás. Es decir, que cada persona o individuo posee "una chispa" de eternidad en su interior, lo cual no implica divinidad en sí, sino esencia espiritual. Y es que también es muy común entender inapropiadamente el concepto de "eternidad", pues suele explicarse en función de tiempo como una "muy prolongada existencia". Sin embargo, eternidad es precisamente la ausencia de tiempo; el "no tiempo", por llamarlo de alguna manera. Así como Dios es antes del tiempo, pues Él mismo fue quien le dio existencia al tiempo, la eternidad está fuera del tiempo.

"Dios, en el principio, creó los cielos y la tierra."[3]

Tiene usted en su propia experiencia de vida una prueba de esto. Su cuerpo va envejeciendo de manera irreversible, esto es una verdad absoluta; pero más allá de la evidencia física del paso del tiempo, usted siente que es la misma persona, que en su interior poco o nada ha cambiado, como si el tiempo no hubiera pasado. Esta, precisamente, es una "experiencia" de eternidad que ayuda a establecer que la esencia del ser humano es espiritual. Somos espíritus que habitan cuerpos, y este hecho precisamente establece la primera dimensión del viaje: la dimensión de eternidad.

Somos espíritus que habitan cuerpos.

En esta dimensión del viaje es vital comprender un par de realidades: al ser nosotros espíritu, nuestro viaje estará relacionado íntimamente con ámbitos espirituales, con realidades espirituales, con otros espíritus y, sobre todo, con algún ser espiritual mayor que nosotros. La mayoría de las personas piensa que la manera adecuada de corresponder a la esencia espiritual del ser humano es mantener el caminar en el viaje de la vida, sostenido por altos estándares de conducta, buena moral y ética a toda prueba. Sin embargo, la verdad es que todo ello no modifica en esencia las conexiones espirituales de las que acabamos de hablar, y que son ellas finalmente las que definen el ambiente en que nos movemos, aquello o aquel a quien pertenecemos (con quien nos conectamos), la clase de vida que viviremos y el destino final que seguiremos de modo definitivo cuando se termine el camino en las dimensiones de espacio y tiempo.

La esencia de un ser no es modificada por sus conductas, ni por su ambiente, ni por su conocimiento, ni por su religión o creencia filosófica; por el contrario, estas son modificadas por la esencia del ser, a veces de manera francamente abrumadora. Precisamente por este motivo, Jesús mismo habló de un nacimiento que viene de lo alto, de un nuevo nacimiento, enfatizando con ello que la necesidad central del ser humano tiene que ver con una modificación de su esencia, no con simples ajustes de conducta, de ambiente, de conocimiento, de religión o de creencia, sin quitarle a estos su importancia relativa.

Esta dimensión de eternidad de la que estamos hablando tiene que ver en realidad con un viaje de vuelta hacia el origen. Permítame explicarme. Muchos años atrás tuve una experiencia interesante, una de esas que se asemejan a lo que puede pasar en una sala de teatro, donde la obra que se observa termina por atrapar la atención, llenando de lecciones el entendimiento. Para el caso, esta obra de teatro tiene solamente dos actos.

En el primer acto me encuentro frente a un cóndor, el ave nacional de mi país, Colombia. Mi encuentro se da de la única manera segura en que sería posible encontrarse "cara a cara" con un ave de esta especie; me refiero a un zoológico. De entrada, esto crea un marco muy específico para mi encuentro, mucho más cuando el zoológico en cuestión está en Barranquilla, una ciudad del Caribe colombiano con temperaturas abrasadoras de hasta 40 grados Celsius. Al mirar al cóndor tan de cerca, establecí con él un "diálogo", en realidad un monólogo, en el que expresé sin palabras toda mi frustración al ver frente a mí un ave casi inerte, "oscura" a mi parecer, con insectos caminando sobre su plumaje. Tan deprimente era el cuadro, que pensé en qué bueno sería excluir esta ave del escudo nacional de mi país. Entre avergonzado y molesto, me fui de allí.

En el segundo acto me encuentro ahora en compañía de mi hijo y de un grupo de turistas a una altura de casi cinco mil metros sobre el nivel del mar, más precisamente en las cumbres del volcán Nevado del Ruiz, una elevadísima cordillera colombiana. Se nos había advertido que había una leve posibilidad de avistar cóndores en algún momento, dado que algún tiempo antes, habían sido "plantados" algunos que fueron criados en cautiverio y que luego fueron puestos en libertad en las cumbres del Ruiz. Como un regalo del cielo, de un momento a otro en nuestra caminata, quedamos frente a un cóndor parado sobre una roca ante nuestros ojos, a no mucha distancia, y a escasos metros de elevación. Nos quedamos quietos contemplando esta ave que ahora me lucía hermosa; quedamos absortos por este cuadro. Repentinamente el cóndor dio un salto y se lanzó al vuelo, sin aspavientos, sin aleteos, con un señorío indescriptible, y pasó volando sobre nuestras cabezas. En ese momento, todos los que estábamos allí comenzamos a aplaudir, a saltar, a gritar de una manera espontánea y genuina que salía del alma. No tengo palabras para expresar lo que sentí al ver tanta belleza, tanto dominio, tanta libertad.

Allí terminó mi obra de teatro, pero comenzó a suceder algo más. Recordé mi encuentro en el zoológico de Barranquilla. Recordé todos mis pensamientos y juicios, recordé mi vergüenza y casi pude escuchar al cóndor retándome a continuar nuestro "diálogo". Ahora todo era muy diferente; y lo era porque el cóndor majestuoso que había visto en el segundo acto se encontraba en su ambiente natural.

Mi querido lector, cada ser está ligado a un ambiente en el que puede expresarse, en el que puede crecer, en el que puede "ser".

Para el caso del ser humano, ese ambiente, esa atmósfera, es Dios mismo.

Me detengo aquí por un momento para hablarle a usted que es un viajero. Tenga en cuenta la dimensión de eternidad en la que se cumple su viaje, y asegúrese de estar recorriendo su camino como una verdadera experiencia de "tener vida" porque ese tener vida es más que estar vivo. Tener vida es haber nacido de lo alto; tener vida es mantener una conexión espiritual con Dios mientras hace usted su viaje en la dimensión de eternidad de la que venimos hablando. No vaya a encontrarse al final con que en realidad caminó todo el tiempo en conexiones espirituales oscuras que lo convertirán en alguien opuesto a Dios a la hora definitiva, y habiendo vivido, en realidad estuvo muerto todo el tiempo.

La dimensión de tiempo y espacio en el viaje

Hay otro aspecto central en el camino de un viajero: su viaje se cumple también en las dimensiones de tiempo y espacio, lo cual le añade otros matices a la experiencia de la vida.

El "sinsentido" en la experiencia de la vida, del que hablamos antes, es una realidad aún para quienes afirmamos caminar con Dios. A los seres humanos, en su gran mayoría, nos aturden las preguntas comunes: ¿Quiénes somos? ¿Para qué estamos aquí? ¿Hacia dónde vamos? Constantemente estos interrogantes esenciales se mantienen erguidos y desafiantes, simplemente como resultado de ignorar la dimensión de eternidad de la que acabamos de hablar, o por no entenderla, o por ser escépticos ante ella. No

Tener vida es haber nacido de lo alto.

obstante, también es cierto que no resulta claro para muchos cuál es la razón de su transitar en el tiempo y en el espacio, un tránsito que puede resultar hasta tortuoso.

Dios se ocupa de ayudarnos a comprender mejor la existencia humana en general y la existencia propia en particular, de modo que podamos hacer nuestro viaje de una manera orientada, que tenga sentido, que se convierta en una experiencia llena de satisfacciones. Para ello, hay algunas claves que vale la pena mencionar.

> *"Antes que te formara en el vientre, te conocí, y antes que nacieras, te santifiqué, te di por profeta a las naciones."*[4]

- Nuestra existencia es el resultado de una Conciencia y no del azar; es el resultado de un plan y no de un accidente cósmico; es el resultado de un diseño previo y no de la suma de unas casualidades. Dios se declara a sí mismo el autor de la vida y, por tanto, quien le da sentido en una relación semejante a la que existe entre el artesano y su obra. En este sentido aparecen afirmaciones tan contundentes como que *"somos hechura suya"* (Efesios 2:10), término que en el griego original habla de manufactura, obra de mano, y de la que se deriva la muy conocida palabra "poema". Todo esto nos deja ver un poco el punto de vista de Dios acerca de la existencia humana.

Nuestra existencia es el resultado de una Conciencia y no del azar.

- Sobre cada existencia humana hay un peso de santificación; estamos hablando del concepto bíblico central de la palabra "santo", que es "separado para Dios". Este concepto bíblico dista mucho del concepto cultural latinoamericano que convierte la palabra "santo" en adjetivo, y la iguala en su significado a "bueno"; de donde se deduce que el "santo" y el "bueno" son una misma persona, dejando de ver que "bueno" puede ser cualquiera, pero "santo" solo aquel que camine con Dios. Para el caso que nos compete, el concepto de santificación va en dos direcciones: por un lado, hablamos de la legítima demanda de Dios de gobierno sobre la vida de cada una de sus criaturas y, por otro lado, hablamos de la asignación de un propósito, una misión, una tarea por cumplir dada a cada una de ellas. Sobre esto hay mucho qué decir, pero tratamos ese tema en otro de nuestros libros.

- Cada existencia humana se constituye en un regalo que Dios da; para el caso, hablamos de un regalo suyo dado a alguien más. Al decir esto, hablamos de un aspecto esencial de la existencia humana muy particular y relativo al hecho de que cada ser humano es, en sí mismo, un mensaje de Dios para alguien más; cada uno es una respuesta divina a una necesidad; cada uno encarna la solución de Dios para algún problema en un tiempo específico y para unas personas específicas. Verse a sí mismo como "dado" por Dios para otros cambia seriamente la perspectiva de la vida, dándole un matiz muy especial, un valor altísimo. De aquí la urgente necesidad de que cada persona se "reconecte" con Dios por medio de Jesús, de modo que todo lo que afirmamos se haga cierto en cada persona y tenga verdadero sentido en su experiencia de vida.

Si pensamos en la vida como en un viaje, y pensando en usted como un viajero, quiero compartir unas cuantas lecciones para el camino, lecciones de vida, lecciones para una existencia con sentido, lecciones para quienes quieren vivir y no simplemente existir.

Lección 1

NO HAY AVANCES SIN SALIDAS

Hay historias de vida que impresionan, otras que causan dolor, otras más que producen desazón, algunas que producen vergüenza. Sin embargo, hay algunas que inspiran, producen ganas de vivir y empujan hacia arriba el corazón diciendo que sí es posible vivir con sentido, vivir intensamente, vivir en "contravía", haciendo de la vida una experiencia gratificante.

A lo largo de mi camino, he visto a muchos asustados por la vida. He visto a algunos que desean morir porque en realidad tienen miedo de vivir. Y en honor a la verdad, en algunas ocasiones yo mismo he sido parte de ellos. La falta de sentido en la vida junto con el miedo se acercan al portal de toda persona en algún momento, incluso al de aquellos que profesan fe en Dios; y en ocasiones toman el control de la existencia, paralizando y provocando diferentes clases de muerte prematura. ¡Qué triste es vivir sin vivir, qué triste morir y seguir viviendo!

¡Qué triste es vivir sin vivir, qué triste morir y seguir viviendo!

Por eso, y por mucho más, vale la pena seguir la huella de quienes han hecho de su vida una historia que inspira, que anima a tomar aire y a avanzar en el camino de la vida. Esta es la razón que me motiva a compartir con usted lecciones tomadas de la vida de Abraham, quien, para efectos de este libro, será el viajero que inspira.

> *"Pero el SEÑOR había dicho a Abram: Vete de tu tierra y de tu naturaleza, y de la casa de tu padre, a la tierra que [yo] te mostraré."*[1]

Entremos en materia. Hay una historia detrás de esta declaración que luce aislada, pero que es en realidad el punto de enlace entre lo que ha pasado y lo que viene. Claramente, no resulta sencillo dar los primeros pasos para salir del "lugar" en que nos encontramos cuando somos requeridos por Dios, pues aunque eventualmente salimos con Dios, nos llevamos con nosotros todo lo que tenemos en el lugar en que nos encontramos. En otras palabras, podemos "salir de" y al mismo tiempo "salir con".

Podemos "salir de" y al mismo tiempo "salir con".

Resulta interesante notar que el versículo bíblico anterior comienza con un "pero". Cada vez que usted vea un "pero" en la Biblia, tenga en cuenta que se está hablando de un cambio, de un momento como de ruptura entre lo que viene y lo que va a seguir. Para el caso de la historia de Abraham, ese "pero" y las palabras subsiguientes dejan claro que ya se había dado una indicación. De hecho, al leer el relato anterior al versículo en cuestión, encontramos que la salida del viajero ya se había iniciado, solo que no de la manera precisa en que se le había ordenado.

En este punto, hay varios modelos que podemos citar, como el de Moisés:

> *"Pero cuando iba a cumplir la edad de cuarenta años, sintió en su corazón el deseo de visitar a sus hermanos, los hijos de Israel. Y al ver que uno de ellos era tratado injustamente, lo defendió y vengó al oprimido matando al egipcio. Pensaba que sus hermanos entendían que Dios les estaba dando libertad por medio de él, pero ellos no entendieron. Al día siguiente se les presentó, cuando dos de ellos reñían, y trató de poner paz entre ellos, diciendo: "Varones, vosotros sois hermanos, ¿por qué os herís el uno al otro?" Pero el que estaba hiriendo a su prójimo lo empujó, diciendo: "¿Quién te ha puesto por gobernante y juez sobre nosotros? Acaso quieres matarme como mataste ayer al egipcio?" Al oír estas palabras, Moisés huyó y se convirtió en extranjero en la tierra de Madián donde fue padre de dos hijos. Y pasados cuarenta años, se le apareció un ángel en el desierto del Monte Sinaí, en la llama de una zarza que ardía".*[2]

Moisés sale huyendo de Egipto a la edad de 40 años e inicia un camino lleno de retos y de nuevas experiencias, pero es tan solo cuando llega a los 80 años que podría afirmarse que Egipto salió de Moisés. En su llegada al desierto, es identificado como un egipcio, descripción más que paradójica porque había salido huyendo de Egipto precisamente por identificarse con los de su nación, reconociéndose a sí mismo como israelita y no como egipcio, como había sido criado. Tan solo después de 40

No es posible sacar a nadie de donde no se ha salido primero.

años más, Egipto ha salido de verdad del corazón de Moisés, momento en el cual este hombre se encuentra preparado para la tarea de hacer libre a toda la nación de Israel. Estaba claro que él mismo debía ser libre de Egipto primero, para guiar luego hacia la libertad a todo el pueblo porque no es posible sacar a nadie de donde no se ha salido primero. Más dramático es el ejemplo de la esposa de Lot.

> *"Una vez fuera, le dijeron: "Ponte a salvo. Por tu vida, no mires hacia atrás ni te detengas en parte alguna de esta llanura, sino que huye a la montaña para que no perezcas… Pero la mujer de Lot, que iba tras él, miró hacia atrás y se convirtió en una columna de sal."*[3]

Una sola cosa se había demandado de Lot y de su mujer mientras huían de la destrucción de Sodoma y Gomorra: no mirar hacia atrás. Y precisamente fue lo único que se les había ordenado lo que la mujer desatendió, evidenciando que había "salido de" Sodoma a causa del apremio, pero llevaba a Sodoma en su alma. Era de tal magnitud su apego, que a riesgo de su propia vida desatendió la orden, no por curiosidad, sino por su profunda conexión con el lugar del que acababa de salir.

Nos hacemos parte de aquello en lo que tenemos puestos nuestros ojos.

Se deja ver en esta mujer un principio dramático: nos hacemos parte de aquello en lo que tenemos puestos nuestros ojos. Nuestra realidad se convierte en la extensión del enfoque de nuestro corazón, de nuestra vida y de nuestros ojos.

Es cierto; aunque a veces "salimos de", podemos "salir con", y eso debe ser tenido en cuenta por todo viajero que quiera avanzar de verdad en su camino.

Si volvemos a Abraham, el viajero de quien aprendemos lecciones, hay que recordar que Dios le había hablado ya del asunto de salir.

> *"Pero Jehová había dicho a Abram: Vete de tu tierra y de tu parentela, y de la casa de tu padre, a la tierra que te mostraré."*[4]

Así lo hizo, pero con su padre y con su sobrino, y con ellos se queda en Harán durante algún tiempo, hasta que muere su padre. Dios le había ordenado salir de su tierra, de su parentela, y de la casa de su padre. Abram, como era su nombre en ese momento, efectivamente salió de su tierra, pero con su padre, y con su parentela (su sobrino Lot).

Partimos de este punto en la vida de nuestro viajero para aprender la primera de sus lecciones: "Pero el Señor había dicho...". Dios no hablará ni guiará a un nuevo lugar sin insistir primero en el lugar previamente señalado por Él. Veamos el ejemplo de Jonás:

> *"La palabra del Señor vino a Jonás hijo de Amitay: «Anda, ve a la gran ciudad de Nínive y proclama contra ella que su maldad ha llegado hasta mi presencia.» Jonás se fue, pero en dirección a Tarsis, para huir del Señor. Bajó a Jope, donde encontró un barco que zarpaba rumbo a Tarsis. Pagó su pasaje y se embarcó con los que iban a esa ciudad, huyendo así del Señor. Pero el Señor lanzó sobre el mar un fuerte viento, y se desencadenó una tormenta tan violenta que el barco amenazaba con hacerse pedazos... La palabra del Señor vino por segunda vez a Jonás: «Anda, ve a la gran ciudad de Nínive*

> *y proclámale el mensaje que te voy a dar.» Jonás se fue hacia Nínive, conforme al mandato del Señor...*"[5]

Antes de avanzar, no podemos dejar pasar la oportunidad de este relato para advertir que cada vez que un viajero evade lo dicho por Dios, no solamente va a crearse problemas él mismo, sino también va a crear problemas para otros. Estos problemas no van a cesar hasta que el viajero retorne a la indicación recibida. Para el caso de Jonás es impactante el resto de la historia, pues cuando "*por segunda vez*" la Palabra de Dios llega a él y es atendida, el resultado es toda una ciudad completa que entró en reconciliación con Dios.

Es vital comprender que aunque usted puede evadir algo dicho por Dios, eso será traído a su encuentro nuevamente en algún punto de su camino. A lo mejor puede ocurrir que después que haya venido una Palabra de Dios a su vida, eventualmente incómoda, desafiante, o con requerimientos nada fáciles, todo quede temporalmente en silencio. Resulta fácil malinterpretar ese silencio divino asociándolo con olvido, o con cambio de planes.

Algo así quizás aconteció al rey Nabucodonosor. Él había sido advertido de parte de Dios sobre asuntos de su vida, asuntos que aparentemente desatendió. Interpretó el silencio de Dios como cambio de planes, mantuvo la misma dirección de su vida y no hizo nada con la instrucción recibida, hasta que quedó atrapado en el punto de cruce entre su avance según el propósito de Dios, su actitud despreocupada e indolente, y la Palabra recibida. Para el caso de este rey, dicho cruce lo "empujó" a un espacio de violenta transición con el fin de traerlo de vuelta a su avance de vida, a partir de una nueva conexión con Dios.

"Tus oídos oirán detrás de ti estas palabras: "Este es el camino, anden en él," ya sea que vayan a la derecha o a la izquierda."[6]

El punto aquí es que no hay un avance real en el viaje, a menos que usted se ubique en el lugar previamente indicado por Dios: la "voz a las espaldas", es decir, lo último que le fue dicho de manera cierta.

Un viajero necesita recordar bien qué es lo que Dios realmente le ha dicho. Para hacerlo, es preciso que decante el mensaje de Dios de las interpretaciones propias que suelen darse a una palabra recibida porque esa interpretación está muchas veces condicionada por el contexto en que cada uno se encuentra.

Para aclarar lo anteriormente expuesto, permítame recurrir a una referencia personal, Recuerdo muy bien en los inicios de mi trabajo ministerial, a muy corta edad, cuando Dios resaltó para mí un texto "normal" de la Escritura mientras estaba yo en mi lectura habitual: *"Y esto te daré por señal, oh Ezequías: Este año comeréis lo que nacerá de suyo, y el segundo año lo que nacerá de suyo; y el tercer año sembraréis, y segaréis, y plantaréis viñas, y comeréis el fruto de ellas".* [7]

Supe internamente y de manera inequívoca que Dios me estaba hablando, pero mi intelecto no pudo descifrar el mensaje, y así pasó un largo tiempo. Llegado el año 1980, fui llevado por Dios a la ciudad de Manizales, Colombia, donde se desató un movimiento del Espíritu Santo sin precedentes (dicho por los pastores mismos de la ciudad en ese entonces). Era de tal nivel la manifestación de Dios allí, que la gente comenzaba a caer al piso sin que nadie pudiera controlarlo, y quedaban en una especie de éxtasis recibiendo visiones, palabras de Dios y milagros sobresalientes.

Acontecieron muchas señales y milagros de todo tipo, desde el cubrimiento de calzas en dentaduras maltrechas hasta enfermos al borde de la muerte que fueron curados, pasando por enfermos desahuciados no mortales que también eran sanados. Creo que no hubo una sola categoría de sanidad que no se hubiera presenciado por esos días. Además, decenas y decenas de personas llegaron a los pies de Cristo en una época en que se promediaban uno o dos nuevos convertidos por mes en toda la ciudad (datos suministrados por los pastores residentes allí).

Espacio faltaría para relatar los incontables hechos que sucedieron en Manizales en 1980, pero lo menciono para dejar un pequeño registro escrito de lo sucedido y para ilustrar lo que venimos hablando. En medio de toda esa visitación, recordé el texto bíblico que había leído años atrás, y me di cuenta de que en realidad, en ese momento, Dios me había hecho una promesa. Mientras lo recordaba, noté con mucha alegría que hacía referencia a mi camino ministerial recorrido hasta ese punto, que había estado ya en varias ciudades con algún fruto de mi trabajo en los dos primeros años de mi experiencia con Dios, pero que estaba ahora en medio de esta tremenda visitación exactamente en mi tercer año de caminar con Cristo. Yo no lo había entendido así y había dado mis propias explicaciones a la palabra recibida, cuyo verdadero sentido apenas estaba captando.

Hay una historia en la Biblia que ilustra muy bien este punto; se trata del momento en que Abram y Sarai su esposa (sus nombres no habían sido cambiados en ese momento) dan su interpretación a la promesa dada por Dios, buscando una alternativa "viable" para tener heredero.

Permítame poner un poco de contexto antes de avanzar. Pensamos sobre Abraham como un hombre de fe sobresaliente porque la tuvo suficiente para creer por un hijo en medio de muchas imposibilidades. Estoy convencido de que la promesa de Dios para él era algo aun mayor que esto, y que en esa promesa Abraham se fue enfocando cada vez más, llegando en algún momento a entender que era necesario ese hijo.

> *"Pues Dios prometió a Abraham y a sus descendientes que recibirían el mundo como herencia; pero esta promesa no estaba condicionada al cumplimiento de la ley, sino a la justicia que se basa en la fe."*[8]

Abraham supo que su promesa y la de su descendencia estaban relacionadas con gobierno, con autoridad sobre el mundo, y ¡claro! esa promesa incluía de manera imperativa un hijo. Esto hizo que Abraham buscara ese hijo primero en su sobrino, y luego aceptara tenerlo de la esclava, aprendiendo con dolor que la promesa no se toma prestada de otro, ni se hurta.

Con esto en mente, es interesante acercarnos al escenario en el que se discute cómo usar a la esclava egipcia para, supuestamente, traer la promesa a cumplimiento: lo que Abram y Sarai interpretan y deciden está lejos de lo que Dios verdaderamente había dicho, y los resultados de esta decisión lo demostraron rápidamente.

No es posible hablar de viajes sin hablar de las salidas que los anteceden.

Otro asunto clave en medio de todo lo que venimos hablando es que no es posible hablar de viajes sin hablar de las salidas que los anteceden. De hecho, el modelo que Jesús planteó de avance en la vida está relacionado con su frase *"entrará y saldrá y hallará pastos"*, dejando sentado que no hay posibilidad de "entrar" a ningún nuevo ámbito en la vida, o a la posesión de una nueva promesa, o a la consolidación de una nueva relación, o a una nueva posición en cualquier aspecto de la vida, sin "salir" primero de algún otro ámbito, o posesión, o relación o posición previa.

> *"Hashem le dijo a Abram: "Vete para ti de tu tierra, de tu patria y de la casa de tu padre, a la tierra que te mostraré". (o sea, asume el desafío, libérate de todo aquello que te mantiene atado, y accede a un nivel espiritual superior) ("Vete para ti": para tu propio beneficio)."*[9]

Usted es un viajero; y como tal necesita identificar, en ciertos momentos de su vida, qué es lo que se le pide que deje y de qué se hace necesario salir para poder entrar.

> *"Yo soy la puerta. Si alguno entra por medio de mí será salvo, y entrará, y saldrá, y encontrará pasto."*[10]

No hay avances sin salidas... Las salidas implican terminar con lo que Dios ha dado por terminado.

Esta frase me produjo mucha confusión por largo tiempo; luchaba en mi intelecto por comprender cómo era eso de entrar por la puerta que es Jesús, funcionando junto al entrar y salir que el Señor menciona luego. Tardé en comprender que las salidas y entradas de las que Él habla describen una dinámica de vida de continuas salidas y entradas, cuyo propósito es llevarnos a lugares "mayores" en la experiencia de nuestro viaje. Fui entendiendo que esas salidas y entradas se dan para quienes están ya dentro, y que definitivamente no hay avances sin salidas.

Las salidas siempre tienen una dosis de incertidumbre, y no es posible calcular de manera precisa el efecto que tendrán hasta que demos el paso hacia afuera y nos encontremos entrando en el nuevo lugar al que Dios quiere conducirnos. Las salidas implican dejar atrás todo lo relacionado con el "lugar" donde nos encontramos; las salidas implican terminar con lo que Dios ha dado por terminado; las salidas implican soltarse de la seguridad de lo que se conoce y se controla, para entrar en el espacio de lo desconocido.

Esto es semejante a los procesos que algunos seres vivos experimentan cuando les llega el tiempo de mudar su piel. Recuerdo haber sido testigo casi presencial de uno de ellos cuando pasé por la casa de mi amigo, el Pastor Gabriel Castro, y observé detenidamente en el acuario de su casa una pequeña langosta marina. A la mañana siguiente muy temprano, pasé de nuevo por su casa, y asombrado noté que ahora había dos langostas, o así me pareció. Después de forzar en mi cabeza todas las explicaciones que consideré posibles, mi amigo me dio la verdadera: durante la noche había mudado su piel, y lo que me parecían dos langostas eran en realidad una con piel nueva, y el cascarón abandonado en la transición nocturna que increíblemente parecía otra completa.

Entendí que la vida busca siempre crecimiento, que a veces lo que tenemos se nos queda corto para lo que estamos siendo, que sin cambio no hay avance, y que lo supuesto a veces se parece de manera asombrosa a lo verdadero.

Es clave entonces entender bien la necesidad de salir como marca esencial de un viajero, y entender bien de qué se nos pide que salgamos, teniendo claro que al salir estamos demostrando que nos importa mucho más con quién salimos que hacia dónde nos dirigimos. De esta manera veremos en nuestro viaje que cada salida de Dios para nosotros siempre provocará nuestro bien. Moverse no es cómodo; es más sencillo quedarse porque cada salida implica dejar algo atrás.

Sin cambio no hay avance... Las salidas son el precio del avance... para avanzar hay que salir, para salir hay que olvidar, y para olvidar hay que dejar.

Las salidas son el precio del avance. Ese precio eventualmente no es pagado por muchos viajeros que pretenden combinar el mantenerse anclados a lo que no quieren dejar, con avanzar al mismo tiempo a lo que su sueño de vida les propone, para concluir, tarde o temprano, que esta combinación no resulta, y entender, a veces tardíamente, que para avanzar hay que salir, para salir hay que olvidar, y para olvidar hay que dejar.

> *"Yo, hermanos, no creo haberlo alcanzado todavía. Pero una cosa hago: olvido lo que dejé atrás y me lanzo a lo que está por delante."*[11]

Al leer en detalle este texto, podemos entender que no es posible olvidar lo que no se ha dejado atrás. Tal parece que el orden del proceso es dejar para poder olvidar y no al contrario, porque es posible alejarse en términos de distancia (espacio o tiempo) de algo, pero mantenerlo en el corazón de muchas maneras, sean estas el dolor que emana del recuerdo de una herida, o la nostalgia del "si hubiera sido", o alguna cosa semejante.

Si volvemos a la historia de Abram, el viajero, quiero alentarlo a usted, querido lector, haciéndole saber que en todo caso, las salidas de las que hablo buscan siempre su bien; le ayudarán a no anquilosarse; le obligarán a estar "activo"; le empujarán a renovar su confianza para avanzar; y, sobre todo, le pondrán de frente a la meta de vida que Dios ha propuesto para usted.

No es posible olvidar lo que no se ha dejado atrás.

Una cosa más para concluir este capítulo: en la vida en general, debe ser claro para todo viajero que no podrá avanzar verdaderamente en su viaje si deja asuntos clave sin atender o evade decisiones cruciales. Tampoco avanzará si supone que puede escoger entre qué atender y qué no, a qué darle importancia y a qué no, cuando hay asuntos en la vida que no admiten esas convenientes elecciones.

LECCIÓN 2

PERSIGA SU PROMESA

»Haré de ti una nación grande, y te bendeciré; haré famoso tu nombre, y serás una bendición. Bendeciré a los que te bendigan y maldeciré a los que te maldigan; ¡por medio de ti serán bendecidas todas las familias de la tierra!».[1]

Dios siempre tiene una promesa para el viajero, la cual le da un norte en su andar. Ya que es usted un viajero, quiero presentarle esta verdad: su existencia responde a una promesa; su existencia se va desplegando con respecto a esa promesa, y su viaje en la vida se va completando por jornadas rumbo al cumplimiento de la promesa con la que Dios ha vinculado su existencia.

Su existencia responde a una promesa.

La promesa de la que hablamos va en dos direcciones. En primer lugar, Dios ha asociado su vida, querido viajero, con una promesa que Él quiere cumplirle; esta promesa es como una "tierra prometida" asignada a su existencia. Para entender un poco lo que es esta tierra prometida, podemos mirar con qué está vinculada: es un territorio suyo, un espacio en el que Dios le otorga gobierno e influencia, un ámbito en el que usted será bendecido y muy fructífero. Esta tierra prometida involucra más que el aspecto "sagrado" de la vida, y puede abarcar aquellos espacios que denominamos seculares, o que creemos que escapan al gobierno de Dios por ser no eclesiales.

Esta tierra prometida incluye una herencia que Dios quiere entregar en sus manos para que sea multiplicada, la cual implica, además, un compromiso serio de bendición de Dios para su vida. Esta bendición se expresa como la capacidad que le es dada a usted para cumplir un propósito. Con el fin de ayudarle a comprender esto último, basta con recordar que desde el primer momento de la existencia humana, Dios desató sobre el hombre y la mujer su bendición (cuando aun ellos no habían hecho nada para merecer o para "desmerecer"). Al soltar su bendición, estableció un patrón esencial de la existencia humana, consistente en que cada ser humano tiene el potencial de llegar a ser, en el sentido extenso de la palabra, un hijo o una hija de Dios, y así entrar a disfrutar una herencia aquí y ahora, no solamente en la eternidad.

Es entonces de vital importancia identificar la promesa con la que se está vinculado. Nada puede aquí reemplazar el escuchar de "primera mano" y de Dios mismo la promesa con la que está "tejido". (En este espacio de identificación de la promesa existen algunas claves que tratamos en otro de nuestros libros.)

La alternativa que comúnmente se presenta a esta forma de viajar por el camino que es la vida es perseguir la subsistencia, tratar de no dejarse aplastar por la dureza de ese camino, luchar por conseguir en lugar de luchar por heredar, vivir sin el aliento que da la esperanza, y simplemente frustrarse y no continuar avanzando.

Caleb, el gran compañero de Josué, siempre rehusó vivir dando "palos de ciego", o como diría Pablo, caminar "golpeando al aire". Desde joven, supo que su existencia se vinculaba con una promesa del cielo y la persiguió toda su vida. Él entendió que la duración de la vida está relacionada con el tiemplo que se tarde en arribar al lugar de esa promesa y no con la fragilidad de la misma. De igual manera, Caleb supo que en esencia no existen las casualidades, y que su camino mirando a la promesa siempre de frente le iba a permitir ver a Dios, sacando ganancia residual a cada evento de su vida.

La duración de la vida está relacionada con el tiemplo que se tarde en arribar al lugar de esa promesa.

La promesa de Dios le da un norte al viajero

> *"Por la fe Abraham, al ser llamado, obedeció, saliendo para un lugar que había de recibir como herencia; y salió sin saber adónde iba. Por la fe habitó como extranjero en la tierra de la promesa como en tierra extraña, viviendo en tiendas como Isaac y Jacob, coherederos de la misma promesa, porque esperaba la ciudad que tiene cimientos, cuyo arquitecto y constructor es Dios."*[2]

Para el viajero, hay importantes beneficios que resultan de entender la promesa con la que está vinculada su existencia. Al perseguir su promesa, aunque no tenga los detalles de su viaje, el viajero tiene confianza porque sabe con quién está caminando, sabe quién lo lleva, sabe quién le dijo que fuera hacia allá, y eso le importa mucho más que saber exactamente hacia dónde se dirige. Al perseguir su promesa, aunque no sabe qué esperar exactamente de la vida en su transcurrir a veces misterioso, el viajero tiene la plena confianza de que tendrá un buen fin. Al perseguir su promesa, el viajero mantiene siempre una actitud de avance y de búsqueda; no es pasivo ni traspasa a otro su responsabilidad de vivir.

> La promesa que le ha sido dada, con la que está vinculada su existencia, arropa a sus generaciones.

Es muy alentador además para usted, como viajero, saber que la promesa que le ha sido dada, con la que está vinculada su existencia, arropa a sus generaciones, al igual que saber que usted mismo es parte de la promesa que Dios hizo a sus ancestros. Entonces, el norte del que hablamos es un norte para generaciones completas y no solo para viajeros aislados.

La promesa fortalece el carácter en el viajero

> *"Haré de ti una gran nación, te bendeciré, engrandeceré tu nombre y serás una bendición. Bendeciré a quienes te bendigan y al que te maldiga Yo maldeciré. Serán bendecidas a través de ti todas las familias de la tierra." (La gente se dirá mutuamente: "Que seas virtuoso como Abraham")*[3]

De la misma manera como está vinculado un camino con su propio destino, así mismo la obtención de la promesa se vincula con el carácter del viajero.

Déjeme explicar primero mi entendimiento de lo que es carácter porque es muy común confundirlo con el temperamento o con la personalidad de un individuo. Personalmente entiendo por carácter la respuesta que sale de cada hombre o mujer de manera natural ante los retos del entorno. Es la manera como cada uno se relaciona con ese entorno; es la calidad de la reacción que cada persona adopta ante los desafíos, pruebas y seducciones que aparecen en el camino de la vida.

Con esta claridad, podemos comprender el vínculo íntimo existente entre el carácter del viajero y el cumplimiento de su promesa. Cuando Jacob bendijo a sus hijos, hizo evidente el vínculo del que hablamos, combinando varias veces declaraciones proféticas sobre sus hijos con declaraciones sobre los defectos de carácter que impedirían que ellos lograran su potencial.

Pero lo que estamos viendo aquí es la otra cara del asunto: el hecho cierto de que perseguir la promesa va construyendo carácter en el viajero. Recorrer el camino con los ojos puestos en la promesa despierta fidelidad de carácter en quien avanza de esa manera, en quien espera el cumplimiento de esa promesa, en quien de corazón la cree y sabe que hay que caminar en línea recta hacia ella.

Perseguir la promesa va construyendo carácter en el viajero.

Sin embargo, al inicio de este capítulo dijimos que la promesa con la que cada existencia humana se vincula va en dos direcciones. Pues bien, la segunda dirección tiene que ver con que la existencia de cada persona está vinculada además con una promesa que Dios quiere cumplirles a otros: *"Serán bendecidas a través de ti todas las familias de la tierra"*.[4]

Cada persona está vinculada además con una promesa que Dios quiere cumplirles a otros.

La declaración de promesa hecha a Abraham con la que comenzamos nuestro recorrido en este libro se cierra mirando hacia los "otros", en este caso a las "familias de la tierra". Permítame, querido lector, expresar en estas líneas mi profunda admiración hacia Dios por su pensamiento y su carácter, porque hace visible aquí una de las claves esenciales de la existencia humana: que no todo se trata del viajero y su promesa, sino que también se trata, ante todo, de la promesa que Dios quiere cumplir a otros por medio de cada uno de sus viajeros.

El viajero, su misión y la solución a un problema

Usted como viajero es, en esencia, un nodo, un enlace en el cumplimiento de los propósitos de Dios a través de la historia y de la cadena de las generaciones. Usted como viajero es también el vaso que contiene y demuestra una Palabra que Dios soltó y proyectó a un punto específico de la historia. Usted como viajero es la materialización de respuestas y soluciones de Dios a necesidades que Él vio en su preconocimiento y a las que se anticipó. Usted como viajero es definitivo para que la tierra no se sumerja del todo en la oscuridad, para que la luz de Dios en todos los campos la sostenga y la prepare para la plenitud que vendrá cuando Cristo vuelva por segunda vez a la tierra.

Si dejamos todo enfocado estrictamente en la promesa hecha a cada uno de los viajeros, posiblemente nos convertiríamos en algo así como en unos corredores considerados de una competencia egocéntrica por alcanzar un premio. Sin embargo, en el diseño del Creador está clara la idea de hacer de cada viajero un constructor de futuro, un visionario que enfoca el futuro deseable para los suyos y para su entorno mayor, uno que trabaja para dejar un legado, alguien sobre cuyos hombros otros pueden apoyarse para llegar más alto, para avanzar más lejos.

Usted, querido viajero, es definitivo en la vida de alguien más.

Usted, querido lector, como un viajero, es asombrosamente importante porque encarna respuestas de Dios para un mundo necesitado de ellas. Usted, querido viajero, es definitivo en la vida de alguien más.

Lección 3

NO BUSQUE AYUDA EN EL MUNDO

"En ese entonces, hubo tanta hambre en aquella región que Abram se fue a vivir a Egipto."[1]

Es interesante ver cómo las situaciones del entorno pueden llegar a condicionar el camino de un viajero. Antes de entrar en detalle, es bueno aclarar lo siguiente: usted no está ajeno a su entorno ni a la influencia de este en su vida; incluso es posible que tanto el entorno como su influencia afecten y condicionen su visión sobre una realidad puntual en el camino.

Por los diferentes relatos que encontramos sobre Abraham, nuestro inspirador viajero, parece que había en él una cierta tendencia a permitir que las circunstancias a su alrededor determinaran sus decisiones y sus conductas. Si es que existe algún parecido de esta situación entre nosotros, no es pura coincidencia.

El entorno sí ejerce, en efecto, una poderosa influencia.

La verdad es que permitir que las circunstancias del entorno condicionen el avance es una tendencia generalizada en los viajeros. Dicha tendencia parte del hecho mismo de ignorar que el entorno sí ejerce, en efecto, una poderosa influencia en la experiencia de la vida. La cultura, el pensamiento común del momento, las relaciones de familia, los conceptos aprendidos: todo esto se convierte en un condicionante real de las decisiones de vida de todo viajero. Ignorar este potencial es el primer paso para sentirse presa de este condicionamiento.

Las anteriores situaciones, entre muchas otras, hacen que el viajero vea su viaje, a veces, por una lente oscura; también llevan a que eventualmente se distorsione la claridad necesaria para avanzar en el camino. De esto hay ejemplos dramáticos, como podemos ver en el pueblo de Israel.

> *"Luego, en el desierto, la comunidad israelita comenzó otra vez a reclamarles a Moisés y Aarón. Les dijeron: —Hubiéramos preferido que el Señor nos matara en Egipto. Al menos allá teníamos suficiente comida, toda la que necesitábamos. Ahora nos trajeron a este desierto a matarnos de hambre."*[2]

Quienes hacen la declaración que acabamos de leer son los voceros de lo que podemos llamar una "generación de borde". Llamamos así a la generación que está en uno de los dos extremos de un proceso que se ha dado con una cadena generacional completa, bien sea la que está al principio o la que se encuentra al final de ese proceso. Para el caso que estamos mirando, en el borde del principio están aquellos primeros hebreos que fueron esclavizados por la fuerza en Egipto, quienes seguramente se resistieron de alguna manera al sometimiento que les estaban imponiendo. Pero aquí en nuestro relato específico, nos encontramos con la generación del otro borde: la que está terminando una larga esclavitud de cientos de años y con la que se cierra un gran proceso.

Esta última ya es una generación esclava desde la médula misma; ya piensan y sienten como esclavos, actúan como esclavos, son esencialmente esclavos. Los hombres y las mujeres de esta "generación de borde" han recibido una información y un largo condicionamiento que ha pasado de generación en generación. Sin notarlo, tienen todas las características de pensamiento y de visión de vida que son propias de los esclavos. Ellos están completamente condicionados por su cultura, por el pensamiento de su tiempo, por sus familias y por los conceptos que han aprendido. Y ante los retos del camino, responden como un esclavo lo haría: ¡pensando en volver a donde estaba para permanecer allí!

Para cada viajero que lee estas palabras hay una solemne advertencia: existe un condicionamiento cierto en el entorno, que necesitamos tratar adecuadamente, del que necesitamos hacernos libres de verdad para poder avanzar en el camino.

Lo que Egipto es

Volvamos a nuestro viajero y al relato del texto bíblico del principio de este capítulo y tengamos en cuenta que el significado de Egipto (Mitzraim en hebreo) es "estrechez, limitación". Egipto nos dibuja la "no realización espiritual". Este es un punto central porque los procesos cruciales de la vida suelen nacer desde el interior de cada viajero,

> Los procesos cruciales de la vida suelen nacer desde el interior.

de su ámbito más íntimo, de su corazón, de su espíritu.

El apóstol Juan nos dice: *"Querido hermano, oro para que te vaya bien en todos tus asuntos y goces de buena salud, así como prosperas espiritualmente"*.[3] La dirección hacia la que un viajero se orienta cuando su vida va avanzando, hablando en el campo espiritual, va a condicionar su vida entera y su camino. Lo que un viajero es interiormente es también el modelo al cual su vida visible (la expresión externa de su vida) se parecerá más y más con el transcurrir del tiempo.

Por otra parte, Egipto es una figura de lo que usualmente identificamos con las palabras "el mundo". Identificamos como "el mundo" al sistema u ordenamiento en el que Dios no es reconocido como Dios. Este sistema puede afectar a las personas, a las comunidades y a las estructuras resultantes de la relación individuo-comunidad. Para completar, este sistema se va definiendo en sus expresiones más visibles a partir de las conexiones espirituales que desarrollan las personas y las comunidades sin Dios, poniéndole así a cada acción visible, un ingrediente espiritual invisible y ajeno a Dios.

Este sistema, el mundo, extiende sus tentáculos a todo lugar y a toda actividad humana. Este sistema teje una gran red que induce a unos mismos objetivos en cada acción que se realiza, y lo hace proporcionando una misma cosmovisión a las personas y a las comunidades a pesar de que no haya conexión entre ellas, para convertirse así en un verdadero "poder detrás del trono" de todas las actividades humanas. El asunto de fondo es que el verdadero objetivo de este sistema es convertir poco a poco a sus "integrados" en corruptos, egocéntricos e inmorales, generadores de acciones sin Dios para hacer cada vez más profundo el empobrecimiento de la raza humana.

A Egipto se llega poco a poco

La decadencia y la corrupción nunca irrumpen de un momento a otro en la experiencia de un viajero, sino que resultan de procesos que se van profundizando poco a poco. Este par de situaciones negativas resultan, por ejemplo, de negociar lo que antes era no negociable, o de flexibilizar ciertas posturas y convicciones que antes eran fundamentales e inamovibles.

Cuando vienen momentos de aprieto o momentos de necesidad, o cuando vienen situaciones asfixiantes que no dan tiempo, es cuando se deja ver la tendencia de la que hablamos al principio en este capítulo: la de permitir que las condiciones del entorno definan las decisiones y las acciones que un viajero adopta.

Hay maneras en que un viajero puede identificar cuándo está yendo a Egipto por ayuda. Veamos tres escenarios:

- Usted puede saber que está acudiendo a Egipto por ayuda cuando, a causa de una necesidad, comienza a comprometer lo que Dios le dice, abandonando una línea de conducta en la que los dichos de Él han sido los baluartes sobre los que ha edificado su caminar en el viaje de la vida.

Conocí de cerca el caso de un viajero que no se "cansaba" de prosperar; cada vez le iba mejor y mejor. Era generoso, atrevido, estaba comprometido con Dios; yo aprendía mucho al observarlo y me sentía retado positivamente por sus conductas. Sus negocios le permitieron incrementar sus ganancias de manera muy grande.

Fue copando las diferentes etapas del proceso en el que sus negocios se movían, de modo que controlaba todo, desde la consecución de un cliente potencial, pasando por los enlaces bancarios necesarios para que los bancos sustentaran las pretensiones de sus clientes, hasta el punto final consistente en poner en la puerta de su cliente la mercancía que este había escogido.

En algún punto de su historia, comenzó a verse presionado por necesidades asfixiantes, las cuales estaban combinadas con un deseo creciente de ganar más, y vio la posibilidad de "ayudar" a sus negocios mediante el uso de documentación falsa. La gravedad de este hecho y de otros asuntos graves salió a la luz tiempo después de su muerte prematura.

Este viajero, presionado por las circunstancias de su entorno, acudió a Egipto por ayuda, y por su "necesidad" comenzó a sacrificar poco a poco la línea de prosperidad genuina por la cual Dios lo estaba llevando.

- Usted puede saber que está acudiendo a Egipto por ayuda cuando su conexión con Dios es puesta en un plano alternativo y no imperativo; cuando su conexión con Dios deja de ser esencial para definir los procesos centrales de su vida.

Hay viajeros que de recorrer el camino por tanto tiempo, van creando una especie de callosidad en su carácter, una cierta clase de endurecimiento que los convierte en formales en su experiencia con Dios, pero sin finura ni sensibilidad espiritual verdadera. Estos viajeros mantienen la forma, pero van dejando de lado el fondo de una relación personal con Dios como la base de su experiencia de vida. Se mantienen dentro de un formato de vida, pero no hay frescura en ellos, por lo cual en realidad se hacen frágiles ante las exigencias del camino; algo así como arterias envejecidas que no tienen flexibilidad y, por tanto, todo el sistema se altera debido a su mal funcionamiento.

Un viajero así no define sus acciones respondiendo a la vida del cielo que habita dentro de él, sino al formalismo de la apariencia, al manual del "deber ser", al formato que su culto le ha enseñado para mantenerse lo más cerca posible de la línea de frontera que separa lo que es de Dios, de lo que no lo es.

- Usted puede saber que está acudiendo a Egipto por ayuda cuando deja de lado el sentido de propósito en su vida y pone por encima su necesidad particular en cualquier campo, convirtiendo al bienestar en la gran prioridad de su existencia.

Permítame, querido viajero, enfatizar algunas verdades acerca de la existencia humana. Cada viajero, entre tanto que habita en su cuerpo, tiene un trabajo fructífero por realizar, una misión de vida por cumplir, una tarea tal que al ser realizada hará a Jesús visible a los ojos de las gentes. Usted, querido viajero, fue alcanzado por Jesús para ser lanzado por Él mismo al cumplimiento de un destino profético, de un sueño que el cielo mismo soñó acerca de usted, porque sí hay un sueño de Dios esperando cumplirse para cada viajero.

El problema es que a veces el viajero se cansa de vivir en esa luz. Otras tantas veces en realidad ni siquiera tiene esa luz, no tiene esa perspectiva de su propia vida, y entonces se convierte en un auto orientado seguidor de sí mismo, en uno que adora solamente sus deseos, en uno

A veces el viajero se cansa de vivir en esa luz.

de esos a los que la Biblia compara con el ruido irreverente y demandante de un estómago vacío. Llegado a este punto, la auto satisfacción es lo que persigue, sin darse cuenta de lo que eso va a producir en su vida. Como nos dice Mateo: *"El que se aferra a su vida, la perderá; pero el que dé su vida por mí, la encontrará"*.[4]

Estas palabras de Jesús señalan algo crucial para la vida y nos abren los ojos a una verdad muy importante: la auto satisfacción en la vida es un camino seguro a la insatisfacción profunda, por lo cual no habrá nadie más insatisfecho que aquel que se ha orientado hacia su propia auto satisfacción. Es por esta razón que el viajero que comienza a poner su particular bienestar como la gran prioridad de vida, está comenzando a vivir conforme a los códigos de Egipto, es decir, según el sistema de este mundo. Lo que encontrará al final será vacío de vida, una pérdida de sentido en su existencia, e insatisfacción.

Muchos años atrás, recuerdo haber pasado por uno de estos "embudos" de vida en los que de alguna manera fui a Egipto por ayuda. En ese entonces, comencé a entrar en una etapa en la que un pensamiento de manera fuerte y recurrente me fue atrapando: "Yo vivo en función de ayudar y servir a otros, y ¿quién piensa en mi felicidad...?" Ese era mi pensamiento mayor. Poco a poco, esta manera de pensar fue alterando gran parte de mis perspectivas de vida, muchos planes y mi visión del futuro personal. Tiempo faltaría para contar bien toda la historia, pero baste decir que llegué a un punto de crisis total en el que se comprometió toda mi vida. En uno de los puntos más bajos de esos tiempos, Dios en su bondad habló a mi corazón con un texto bíblico muy poco visto.

> *"Y a los ángeles que no conservaron su debido puesto, sino que dejaron su propio hogar, Dios los retiene en prisiones oscuras y eternas para el gran día del juicio."*[5]

Con este texto, Dios me abrió los ojos y me hizo entender lo que me sucedía. Mi conclusión fue que despreciar la dignidad dada por Dios y abandonar el "lugar" asignado por Él es un camino seguro hacia prisiones y oscuridad. Estos dos aspectos están vinculados con la posición e identidad dadas por Dios a cada viajero y con la misión de vida que le fue asignada. Dejar esto de lado solo produce decadencia, lo mismo que le sucedió a Abraham cuando acudió a Egipto por ayuda:

> *"Antes de entrar a Egipto le dijo a su esposa Saray: «Yo sé que tú eres una mujer hermosa. Cuando los egipcios te vean dirán: "Esta mujer es su esposa". Luego me matarán pero a ti te dejarán vivir. Diles que tú eres mi hermana para que por ti, ellos sean amables conmigo y no me maten».*[6]

No habían todavía arribado a Egipto en ese camino de "descenso", y Abraham ya estaba pensando solamente en su propio bienestar. Sin dimensionar el peligro al que expondría a su esposa, le pide algo humillante para ella, pero que le garantizaría a él su "tranquilidad", todo esto en aras de obtener un trato amable y que su vida no corriera riesgo.

Sin que implique desprecio por la vida propia, un viajero necesita mantener una sana conciencia de los demás, y sobre todo, no perder el sentido de identidad ni el sentido de misión en el camino.

Lección 4

REGRESE AL PRINCIPIO

"Abram salió de Egipto con su esposa, con Lot y con todos sus bienes, en dirección a la región del Néguev. Abram se había hecho muy rico en ganado, plata y oro. Desde el Néguev, Abram regresó por etapas hasta Betel, es decir, hasta el lugar donde había acampado al principio, entre Betel y Hai. En ese lugar había erigido antes un altar, y allí invocó Abram el nombre del Señor."[1]

En su caminar por la vida, acabamos de dejar a nuestro viajero estacionado en Egipto. Lamentablemente, es cierto que en el recorrido de muchos viajeros hay pasos por Egipto semejantes al de Abraham. Es por ello que escribo el presente capítulo, para dar aliento a quienes hayan vivido una experiencia similar.

El viajero sube de Egipto

Entramos aquí en un punto tremendamente sensible para todo aquel que quiere una experiencia satisfactoria en el viaje de la vida. Nuestro amigo en este recorrido, Abraham, inicia un camino de ascenso que tiene características y descripciones bastante precisas. La primera de esas descripciones tiene que ver con salir de Egipto, con la decisión de abandonar todo lo que Egipto es y lo que ya Egipto significa.

Siempre procuré inspirar en mi hijo un entendimiento: que quienes caminamos con Dios no procuramos ser "buenos", sino que por definición, vivimos fuera del sistema presente. Creo que hay una diferencia entre ser santo y ser bueno; diferencia que lamentablemente hemos borrado en nuestro entendimiento y en nuestra teología. Bueno puede ser "cualquiera", pero santo solamente aquel que esté decidido a caminar con Dios. Le decía a mi hijo que no estamos en el negocio de "portarnos bien", sino que vivimos una dimensión de vida que no está regida por el concepto de la cultura ni del pensamiento común porque pertenecemos a Dios.

Vivimos fuera del sistema presente.

Alguna vez en su experiencia universitaria fue requerida de mi hijo una respuesta en lo relativo a "qué cosas su religión" le prohibía. Fue para mí muy satisfactorio escuchar de su propia boca el relato de su conversación y su respuesta para ellos: "Mi religión no me prohíbe nada; yo vivo por fuera del sistema". Al decirles esto a sus contertulios, los sacó del terreno de discusión que ellos querían plantearle de bueno contra malo, y los llevó a otro terreno de confrontación: el de la cultura presente contra la "cultura del cielo", por decirlo así. De paso, también los llevó a lo esencial del cristianismo: que es mucho más que un estilo de vida, es una conexión viva con Cristo.

Volvamos a nuestro amigo de viaje. Se dice de Abraham que era un hombre "muy rico". La palabra hebrea allí significa pesado, que se aplica en sentido positivo y también en sentido negativo. Sucede así muchas veces, que hay una elevada calidad de vida exterior, pero con grandes carencias interiores. He aprendido que el "éxito exterior" que no esté sustentado en un "éxito interior" es un camino seguro a distintos niveles de implosión personal. Me refiero a grandes fracasos en escenarios centrales de la vida difícilmente disimulados por los éxitos en otros escenarios secundarios.

Recuerdo los tiempos previos a mi encuentro personal con Jesús. Por allá en el 1977, aunque en los meses precedentes al memorable 19 de marzo de ese año atravesé uno de los peores momentos personales, antes de ello todo venía en una normalidad aparente. En ese entonces, yo era un joven que iba avanzando poco a poco en línea ascendente. Así lucía, aunque la realidad interna por diferentes razones se iba deteriorando de manera seria. Días antes de mi inolvidable encuentro con Jesús, un pensamiento fuerte entró en mí, relativo a la urgente necesidad de un cambio de rumbo en mi vida, a pesar de contar con tan solo 16 años de edad. Sin saberlo yo, de alguna manera estaba siendo preparado para experimentar una genuina conversión a Dios que me lanzaría a una nueva vida.

Todo viajero necesita un momento en su camino en que debe subir de Egipto. Veo una similitud en el relato de la experiencia de Abraham con la experiencia del hijo menor de la conocida parábola llamada del "hijo pródigo". Llega ese momento en que algo sucede en el interior del hijo menor que empuja con mucha fuerza su decisión de salir del lugar en que se encontraba. En esto de subir de Egipto creo que un viajero necesita en su vida momentos de luz, momentos de profunda convicción de Dios en su corazón, porque a partir de ahí comienza a recuperarse la espiritualidad cuando se ha perdido.

> *"Entonces, volviendo en sí, dijo: ¡Cuántos de los trabajadores de mi padre tienen pan de sobra, pero yo aquí perezco de hambre!"*[2]

Todo esto en la vida de un viajero sucede porque las visitas a Egipto llegan a ser mucho más comunes de lo que pensamos. Entonces se necesitan momentos como los descritos, momentos de subidas para evitar un colapso definitivo y para no llegar a ser como las estrellas en su estado final: un agujero negro. Estas subidas son conversiones genuinas de las que no vemos muchas en el tiempo presente, un tiempo en el que ser parte de una iglesia cristiana está bien visto, y de alguna manera está de moda. Los giros hacia Dios son visibles, son claros, y van afectando de modo evidente y para bien los distintos círculos de influencia en los que el viajero se mueve, comenzando por los más cercanos. Debido a ello los encuentros con Dios se hacen visibles primero en casa, en medio de la familia.

El viajero emprende el camino de regreso

La Palabra usada en Génesis 13:3 para describir la acción del "regreso" es bastante peculiar: habla de seguir un camino con persistencia, con constancia; habla de una acción sostenida. Esto me lleva a otro pasaje de la Escritura y a algunos otros pensamientos para complementar la idea.

> *"Pero persiste tú en lo que has aprendido y te has persuadido, sabiendo de quienes lo has aprendido."*[3]

Hay quienes no pueden sostenerse en un mismo punto o intención por las más diversas razones: unos lo hacen justificando su poca capacidad de "permanencia" en una supuesta actitud de apertura a nuevos conceptos de manera continua; son los llamados comúnmente de *open mind.* Otros lo hacen argumentando supuestas "nuevas" direcciones recibidas de parte de Dios, que los hacen "saltar" una y otra vez de un punto a otro en su vida espiritual. Otros más lo hacen porque en realidad no han sido alcanzados por convicciones profundas, sino que simplemente escuchan sin involucrarse. De Abraham aprendemos que si deseamos ver resultados de avance en nuestra experiencia de vida, necesitamos persistencia en los caminos que estamos recorriendo, mucho más cuando son caminos de retorno.

Necesitamos persistencia en los caminos que estamos recorriendo.

Esta acción sostenida de retorno de un viajero que está buscando recuperar la espiritualidad perdida progresa por "jornadas", por estaciones, en las que se van dejando cosas atrás; en las que se van abandonando posturas de vida ajenas a Dios. Los caminos de retorno se recorren poco a poco, dando un paso después del otro. No son caminos *express*, y tampoco son recorridos con avances automatizados.

Poco a poco, Abraham se estaba haciendo más "liviano", de más fácil avance. Sin embargo, hasta aquí vemos una espiritualidad bastante inexpresiva, todavía superficial; el camino para recuperar la espiritualidad perdida estaba apenas comenzando.

El viajero regresa "al lugar del principio"

Una estación más en el camino que estamos describiendo en la búsqueda de una genuina espiritualidad tiene que ver con el retorno al lugar del principio, como se dice de Abraham en Génesis 13:3. Este lugar del principio tiene para mí una particular forma de verse: habla del lugar del "patrón" o de la "medida". Esta estación en el camino de regreso tiene que ver con una confrontación entre los modelos de vida propuestos por Dios y los modelos propuestos por nuestros conceptos.

Hablo aquí de una confrontación entre la verdad de Dios y la nuestra, entre los modelos de Dios para la vida y los que hemos derivado de nuestra cultura o de nuestras propias conclusiones. Hablo de un encuentro con el "principio" de las cosas, muy importante en un tiempo como el presente, lleno de relativización en los asuntos esenciales de la vida.

Una ilustración de lo anteriormente expuesto puede verse en el siguiente relato:

> *"Algunos fariseos se acercaron a Jesús y, para tenderle una trampa, le preguntaron si al esposo le está permitido divorciarse de su esposa. Él les contestó: –¿Qué les mandó a ustedes Moisés? Dijeron: –Moisés permitió divorciarse de la esposa dándole un certificado de divorcio. Entonces Jesús les dijo: –Moisés les dio ese mandato por lo tercos que son ustedes. Pero en el principio de la creación, Dios los creó hombre y mujer. Por esto el hombre dejará a su padre y a su madre para unirse a su esposa, y los dos serán como una sola persona. Así que ya no son dos, sino uno solo".*[4]

A Jesús le plantearon una discusión sobre un tema tan sensible como el del divorcio en el terreno cultural primero y, luego, en el teológico. Sin embargo, el Señor lleva el asunto al terreno del "principio" para abordarlo desde lo esencial; una vez que se llega a ese terreno, este abordaje conduce a conclusiones de otro orden.

El principio es el principio; es esta una de las maneras de explicar lo que venimos diciendo. Si queremos comprender el principio que explica la existencia de algo o su esencia, necesitamos volver al principio, al punto, momento o razón por la que aquello fue dado a luz.

Lo que estamos hablando tendrá implicaciones distintas para los viajeros. Para algunos de los que están recorriendo el camino de vuelta hacia una genuina espiritualidad, este encuentro con el lugar del "principio" podrá significar el regreso a un modelo de vida que habían abandonado: el del "primer amor" con Dios, el de mantenerse bajo el gobierno de la Palabra de Dios, el de entregarse con pasión a las causas de Dios en el mundo. Para otros viajeros, podría significar venir por vez primera a la confrontación entre los modelos de Dios y los modelos en que han confiado, en los que han vivido.

Más allá de todo lo dicho hasta ahora, encontramos aquí un riesgo de desvío, un riesgo de mal entendimiento, dado que algunos podrían asimilar la conversión de la que hemos hablado o la espiritualidad recuperada, a una especie de aconductamiento y nada más.

Como una vuelta hacia Dios, una conversión verdadera por lo general viene asociada con una conciencia de la maldad que habita en el corazón, y con una convicción profunda del mal que se ha hecho. Una primera acción puede dirigirnos a un cambio de conducta y nada más, quedando estacionados en algo así como: "Voy a ser mejor persona, voy a comportarme debidamente". Esto no está para nada mal, pero describe lo que podríamos identificar como la "planta baja" de una espiritualidad genuina.

Lo que sucede es que el lugar del "principio" está vinculado íntimamente con el lugar del "diseño" y también con el lugar de la "esencia" de las cosas. Es cierto que el lugar del "principio" tiene un lado frío si se quiere; el que confronta las maneras y los modelos nuestros con los de Dios, el que toca con la recta conducta como su aparente gran objetivo. Sin embargo, el lugar del "principio" en realidad busca conectarnos con el Autor de cada principio, de cada diseño, con el Autor de la esencia de las cosas; y es así que llegamos al corazón de la verdadera espiritualidad.

El lugar del "principio" en realidad busca conectarnos con el Autor de cada principio.

El viajero regresa a Betel, el lugar del altar, el lugar de Dios

Llegamos aquí al corazón del asunto, a la esencia de la verdadera espiritualidad: el viajero regresa a Betel, la casa de Dios, al lugar asociado con el altar que antes había hecho.

Sucede que todo viajero levanta altares a lo largo de su vida, los cuales muestran cuál ha sido el objeto de su adoración porque todo viajero es un adorador en esencia, aún aquellos que hacen su viaje desconectados de Dios. La adoración no es un asunto exclusivo de la religión o del culto porque adorar es una de las inclinaciones más naturales del ser humano, quien indudablemente desarrollará diversas conexiones de ese orden en los ámbitos más variados a lo largo de su existencia. Me gustaría compartir con usted, querido lector, algunas claves que probablemente le ayuden a identificar a qué o a quién se adora. De la siguiente lista, le invito a identificar cada uno de los elementos que se pueden aplicar a su propia vida:

- Usted adora a aquel o a aquello a lo que le da el crédito. Detrás de cada qué, detrás de cada concepto, filosofía o creencia, hay un quién con el que se conecta al darle el crédito.

- Usted adora a aquel o a aquello a lo que le da su atención. Hablamos de aquello en lo que se enfoca de manera intensa.

- Usted adora a aquel o a aquello a lo que le da su tiempo. El tiempo es de los haberes más preciados del ser humano, y es una de las llaves de conexión en la vida. Por una parte, no es posible que usted se conecte con aquello a lo que no le da el tiempo suficiente; y por otra, hacia donde está orientado el uso de su mejor tiempo indica lo que usted verdaderamente ama o valora.

- Usted adora a aquel o a aquello a lo que le da sus recursos, en especial, su dinero. De manera particular, lo que adora demanda de usted su riqueza, no solamente la que se expresa en dinero. Un ejemplo impactante de esto lo podemos encontrar en el conocido becerro de oro que hicieron los israelitas en el desierto mientras "desesperaban" por la tardanza de Moisés en el monte. Ese becerro fue fundido a partir del oro que tenían las mujeres de Israel.

Son sus altares, querido viajero, los que demuestran qué o quién es su dios. Levantar un altar para Dios será la esencia de una espiritualidad verdadera. El altar del que hablamos es un lugar de amor con Dios, un lugar de intimidad con Dios, un lugar de adoración a Dios y un lugar de entrega hacia Dios.

Son sus altares, querido viajero, los que demuestran qué o quién es su dios.

"Todo viene de él, por él acontece y volverá a él. A él sea la gloria por siempre. ¡Amén!"[5]

> *"Les ruego, pues, hermanos, por la gran ternura de Dios, que le ofrezcan su propia persona como un sacrificio vivo y santo capaz de agradarle; este culto conviene a criaturas que tienen juicio. No sigan la corriente del mundo en que vivimos, sino mas bien transfórmense a partir de una renovación interior. Así sabrán distinguir cuál es la voluntad de Dios, lo que es bueno, lo que le agrada, lo que es perfecto."*[6]

Fue en el lugar del viejo altar donde el viajero le dio otra vez el primer lugar a Dios; como dice Génesis 13:4, fue allí donde volvió al altar abandonado, fue allí donde invocó otra vez el nombre del Señor.

Lección 5

REVISE SUS COMPAÑEROS DE VIAJE

"También Lot, que iba acompañando a Abram, tenía rebaños, ganado y tiendas de campaña. La región donde estaban no daba abasto para mantener a los dos, porque tenían demasiado como para vivir juntos. Por eso comenzaron las fricciones entre los pastores de los rebaños de Abram y los que cuidaban los ganados de Lot. Además, los cananeos y los ferezeos también habitaban allí en aquel tiempo. Así que Abram le dijo a Lot: «No debe haber pleitos entre nosotros, ni entre nuestros pastores, porque somos parientes. Allí tienes toda la tierra a tu disposición. Por favor, aléjate de mí. Si te vas a la izquierda, yo me iré a la derecha, y si te vas a la derecha, yo me iré a la izquierda.»[1]

Entramos en un aspecto de la cotidianidad de las jornadas de un viajero, uno que reviste mucha importancia precisamente por ser tan rutinario, tan normal, tan continuo, pero que tiene más peso del imaginado en el viaje de la vida, y obviamente en la vida del viajero.

Hay ciertas cosas que la sola compañía entre dos viajeros no garantiza.

Abraham y Lot compartían cosas que se podría creer que garantizarían una verdadera unidad en el viaje. También se podría pensar que el hecho de tenerse el uno al otro fuera razón suficiente para mantener el ánimo y la inspiración mutua en el recorrido del camino. Veamos:

- Abraham y Lot recorrían los mismos senderos desde tiempo atrás. Sin embargo, vale la pena recordar que Abraham llevó consigo a su sobrino, desatendiendo una parte del contenido de la orden de Dios al principio de su viaje, quizás queriendo realizar en él su anhelo por el hijo.

- Abraham y Lot compartían su condición; ambos eran ricos, o al menos bastante adinerados. Esta condición, por algún tiempo, generó entre ellos probablemente una identificación de intereses, pues mientras el interés primordial fuera el de hacer crecer su hacienda, otros asuntos de su relación y de su avance en el camino no tenían tanta relevancia.

- Abraham y Lot compartían el parentesco, compartían el vínculo de sangre, que es tan fuerte. Abraham era el tío de Lot, pero al parecer tenían ciertas expectativas el uno del otro que eran probablemente incorrectas.

Cuando los compañeros de viaje resultan no serlo

Al mirar detenidamente a estos dos viajeros, es fácil deducir cuándo la compañía de alguien en el viaje pierde sentido o se torna inservible:

- Cuando la compañía entre los viajeros no incluye verdadera cercanía - Queda claro que en este punto no me refiero a cercanía física simplemente, sino a una clase de relación que permite una conexión positiva entre los viajeros. Evidentemente, es posible que se tenga una posición que mantenga cerca a dos personas en su espacio físico, y que sin embargo no haya genuina conexión entre ellas. Existe una serie de demandas que una relación verdaderamente cercana tiene para quienes desean vivir así, y no siempre se está dispuesto a cumplirlas.

- Cuando la compañía entre los viajeros no incluye identificación en sus objetivos - Los viajeros pueden caminar en la misma dirección, pero buscando fines distintos, persiguiendo diferentes metas.

- Cuando no incluye unidad en los motivos - Los viajeros pueden ir hacia el mismo lugar de destino, aparentemente al menos, pero teniendo motivaciones diferentes. ¿Pueden unos viajeros caminar verdaderamente juntos, sin compartir las razones esenciales para avanzar por el mismo camino?

Aprendí hace tiempo, de un profundo expositor de la Palabra, que a Dios no le interesa tanto lo que hago, sino el porqué lo hago. Una de las lecciones más impactantes en lo referente a este tópico la podemos ver en las siguientes declaraciones de Jesús:

A Dios no le interesa tanto lo que hago, sino el porqué lo hago.

"Porque donde esté su tesoro, allí también estará su corazón".[2]

"Cuando ustedes oren, no hagan como los hipócritas. A ellos les encanta que la gente los vea orar. Por eso oran de pie en las sinagogas y en los lugares por donde pasa mucha gente. Pueden estar seguros de que no tendrán otra recompensa."[3]

Somos atraídos de manera creciente por aquello que constituye nuestro centro de interés, por aquello que nos mueve. Lo que motiva nuestras acciones es lo que finalmente gobierna el corazón.

Al mirar con detenimiento lo dicho por Jesús acerca de la gente hipócrita, es posible afirmar lo siguiente: es aquello que usted "persigue" en su corazón de donde provendrá finalmente su recompensa. Si persigue un aplauso, al recibirlo tendrá ya la recompensa; si persigue la aprobación, al recibirla tendrá ya la recompensa. En estos casos, no habrá nada más que deba legítimamente esperar como recompensa añadida. Visto desde otro ángulo, si usted persigue un aplauso o una aprobación que de pronto no recibe, la sensación de frustración será mortificante, y al buscar esas cosas como el objetivo central de lo que hace, se convertirá poco a poco en uno más de los hipócritas a quienes Jesús confrontó.

Lo que motiva nuestras acciones es lo que finalmente gobierna el corazón.

En el caso de los viajeros que comparten un mismo camino, es vital que haya claridad y correspondencia en los motivos por los cuales lo comparten. Si esto no pasa, las desilusiones profundas van a estar a la orden del día, como parece que sucedió con los viajeros de la historia.

Dos viajeros con demasiadas posesiones como para estar juntos

Al leer Génesis 13:6 encontramos algo más que complicaba el caminar de los viajeros de la historia que estamos revisando. Nada era ya suficiente para Abraham y Lot porque las posesiones que cada uno tenía llenaban completamente el panorama y demandaban la totalidad de los recursos que la tierra de ellos les ofrecía.

Si ha de compartir el viaje con alguien más, usted necesita hacer espacio en su corazón para el "otro" porque uno de los problemas comunes en la vida de cada viajero es su poca o ninguna conciencia del "otro", a causa de estar a veces tan lleno de sí mismo. Si usted ha de compartir su viaje, necesita estar abierto a ser cambiado a medida que avanza en el camino junto a alguien más; estar abierto a ser cambiado como resultado de caminar con "otro", de la misma manera en que sucede con las piedras en los ríos que de tanto ir río abajo, rozando unas con otras, se han limado y adquieren una nueva y lisa textura.

Si es usted uno de esos viajeros que tiene demasiado, eso puede producirle una especie de asfixia emocional, mental y espiritual. Tener en exceso eventualmente puede ser evidencia de la incapacidad de compartir, del encierro en el que se está, de una cierta incapacidad para dar y entregar. Puede ser una muestra de la no conciencia del "otro". Encuentro viajeros que saben mucho, conocen mucho, entienden mucho, tienen mucho, pero en realidad dan muy poco. No incluyen al "otro" como parte del beneficio de su riqueza; viven para ellos mismos, para su engorde emocional y espiritual.

Revise las compañías en el viaje

En todo caso es claro, querido viajero, que si usted quiere avanzar, necesita hacer una revisión de sus relaciones porque ellas son muy importantes durante el viaje. Para el caso de Abraham y Lot, su relación estaba siendo un problema en el avance, quizás porque desde el comienzo las razones para caminar juntos no eran las correctas.

Hay que decir de manera clara que aunque todos somos viajeros, eso no significa que debemos hacer nuestro viaje con todos los demás viajeros, o con cualquiera de ellos. De pronto hay relaciones que deben abandonarse. Veamos cuáles:

- Usted debería abandonar una relación si ella no le levanta, si no le "eleva". La palabra hebrea en Génesis 13:9 traducida como mantener, literalmente significa elevar. Una relación correcta debería provocar que usted pueda subir de nivel en el recorrido de su viaje, y debería producir lo mismo en quien hace con usted su propio viaje.

Una relación correcta debería provocar que usted pueda subir de nivel en el recorrido de su viaje.

- Usted debería abandonar una relación si se sale del marco de libertad que le ha sido dado por Dios. Es decir, no debe continuar con una relación si no edifica, si no le añade algo positivo a su vida. Una relación no le conviene si no hace que usted esté más y más en la línea correcta de avance hacia el cumplimiento de la asignación divina. Una relación que abre un espacio para el control o la manipulación de uno al otro tampoco le conviene, o si se ha convertido en una relación de codependencia.

> *"Todo me es lícito, pero no todo conviene; todas las cosas me son lícitas, pero no todo edifica."*[4]
>
> *«Todo está permitido», pero no todo es provechoso. «Todo está permitido», pero no todo es constructivo."*[5]
>
> *"Algunos de ustedes dicen: "Soy libre de hacer lo que quiera". ¡Claro que sí! Pero no todo lo que uno quiere conviene, ni todo fortalece la vida cristiana."*[6]
>
> *"Todo me es lícito, pero no todo me conviene; todas las cosas me son lícitas, pero nada tendrá dominio sobre mí."*[7]
>
> *"«Todo me está permitido», pero no todo es para mi bien. «Todo me está permitido», pero no dejaré que nada me domine."*[8]

- Usted debería abandonar una relación si definitivamente ella le aparta de su conexión con Dios y de su verdadera identidad. Es decir, si se convierte en una relación alienante. La alienación tiene que ver precisamente con el abandono de la identidad propia para convertirse en algo o alguien diferente, en lo que alguien controlador quiere que usted sea. Incluimos en este punto el asumir un estilo de vida que vaya en contradicción con su esencia como un viajero que hace su viaje de la mano de Dios.

Si lee descuidadamente lo que estamos argumentando, alguien podría llegar a la conclusión equivocada de que estamos haciendo un llamado a alejarse de toda persona, un llamado a deshacer todo tipo de relación. De ninguna manera lo estamos afirmando. Lo invitamos a tener en cuenta lo siguiente para poner balance en nuestras afirmaciones:

- Recuerde que estamos hablando de revisar las relaciones que son significativas en el camino. No hablamos de las relaciones de rutina, ni de las relaciones que se dan por la función que cada persona cumple en una estructura organizacional, ni aquellas que son simplemente circunstanciales y que no hay manera de abandonar porque son parte del decorado, ni de aquellas relaciones que no dependen estrictamente de nosotros.

- No hablamos de abandonar relaciones que están siendo útiles para de verdad llevar luz a alguien más, siempre y cuando, para un viajero de Dios, no esté entrando en deterioro su buena condición de vida, en el sentido integral de la palabra.

- No hablamos de abandonar relaciones que son necesarias para entregar a otro lo que Dios nos comisionó.

Relaciones que no deben abandonarse

Podría suceder que alguno encuentre en las páginas de este capítulo un argumento que sustente eventuales decisiones de ruptura de relaciones clave en su viaje. Para evitar que eso suceda, quiero dejar en claro que hay relaciones de otro orden que no entran necesariamente en el examen que propongo en este punto. Estoy hablando de relaciones de familia en general, particularmente las de matrimonio. Además de ellas, hablo de relaciones sanas de autoridad espiritual y de liderazgo, que son clave en el avance de todo viajero.

Sin apartarme del hecho de que hay ciertos casos peculiares en que esta clase de relaciones puede revisarse, definitivamente eso se explica como una particularísima excepción a los asuntos expuestos en este capítulo. Le pido, querido lector, que se concentre de manera muy seria y muy responsable en la revisión de las relaciones que normalmente pueden ser revisadas.

LECCIÓN 6

ENFÓQUESE EN LA VISIÓN

"Después de que Lot se separó de Abram, el Señor le dijo: "Abram, levanta la vista desde el lugar donde estás, y mira hacia el norte y hacia el sur, hacia el este y hacia el oeste. Yo te daré a ti y a tu descendencia, para siempre, toda la tierra que abarca tu mirada. Multiplicaré tu descendencia como el polvo de la tierra. Si alguien puede contar el polvo de la tierra, también podrá contar tus descendientes. ¡Ve y recorre el país a lo largo y a lo ancho, porque a ti te lo daré!" Entonces Abram levantó su campamento y se fue a vivir cerca de Hebrón, junto al encinar de Mamre. Allí erigió un altar al Señor."[1]

La existencia de cada viajero está ligada con un propósito, con una misión o tarea por cumplir. Creo que Dios tiene una declaración de propósito sobre la vida de cada persona, la cual describe el potencial de esa existencia; de eso hablaba David cuando afirmó lo siguiente:

La existencia de cada viajero está ligada con un propósito.

> *"¡Te alabo porque soy una creación admirable! ¡Tus obras son maravillosas, y esto lo sé muy bien! Mis huesos no te fueron desconocidos cuando en lo más recóndito era yo formado, cuando en lo más profundo de la tierra era yo entretejido. Tus ojos vieron mi cuerpo en gestación: todo estaba ya escrito en tu libro; todos mis días se estaban diseñando, aunque no existía uno solo de ellos."*[2]

Cada existencia es digna de ser celebrada y, de hecho, Dios es el primero en hacerlo. Este salmo es un canto de celebración a la existencia de cada persona en particular; un canto a la manera de cómo Dios vela sobre cada vida humana desde el momento mismo de su inicio; a la manera cómo Dios la anhela; a la manera cómo Dios la ve; y a la manera cómo Dios escribe sobre ella, plasmando en su libro sus más quedos anhelos para cada ser, cuando él o ella aun está en formación. ¡Todo esto me resulta abrumador!

Para celebrar la existencia humana de la manera en que lo estamos diciendo, se requiere verla de forma muy particular. Solo en virtud de un cierto entendimiento recibido del cielo, alguien puede declarar de sí mismo que es una "creación admirable", tal como lo hace David. Una cierta luz tocó el espíritu de este rey salmista para comprender una serie de verdades impactantes que pudo destilar en este increíble salmo.

En el versículo 15 aparece un verbo hebreo de connotaciones profundas en lo que respecta a la existencia humana; es el verbo hebreo *raqam*. Este término tiene unos significados impactantes: adornar con colores, marcar con puntos, trazar una línea, escribir, dar variedad, jaspear, tramar, tejer, zurcir. Su estructura gramatical habla de un acto completamente terminado, y todo este significado se vincula con la existencia humana, aún desde su fecundación.

Cada viajero, entonces, posee matices propios dados por Dios, tiene unos "colores" únicos y una asignación específica que le dan peculiaridad a su existencia. David habla además de un libro en el que Dios mismo escribe los secretos de su particular diseño para cada uno, que me luce como un concepto verdaderamente asombroso. Pensar en Dios plasmando en un escrito sus sueños con respecto a cada ser rebasa mi entendimiento. Alcanzo a vislumbrar que revelar esos escritos puede ser el gran secreto para que cada viajero entre en un nivel de realización completa en el camino de su vida.

El poder de lo que no se ve

De vuelta al viajero del que estamos aprendiendo algunas lecciones y retomando el pasaje del inicio de este capítulo, una vez que Abraham ajusta su relación con su sobrino Lot, el asunto del sueño de Dios para Abraham toma nueva vigencia, y el reto del cielo para él viene en esa dirección: la de levantar sus ojos nuevamente. La lección más importante en este asunto se centra en el hecho de "levantar los ojos", el cual está vinculado con un cambio en el nivel de vida. Un cambio de posición está vinculado con un cambio en la visión porque la visión y la posición están vinculadas. Lo que un viajero necesita es experimentar el cambio de nivel que resulta de poner los ojos en el sueño de Dios para sí mismo.

Un cambio de posición está vinculado con un cambio en la visión.

El ojo siempre es una "fuente" (así se traduce en Génesis 13:14). Para lograr entender bien este enunciado, vamos a revisar algunas declaraciones al respecto en la Palabra de Dios.

- Lo que veían Adán y Eva cambió con su "caída"-Al concluir el capítulo 2 de Génesis, se nos dice que estaban ellos desnudos, pero no experimentaban vergüenza alguna. Está implícito el hecho de que ellos se veían. No obstante, en el capítulo 3 y versículo 7 todo cambia, y terminando el relato de la traición del hombre y la mujer, lo primero que se afirma seguidamente es que sus "ojos fueron abiertos". Este contraste de relatos simplemente demuestra el gran cambio que hubo en lo que sus ojos veían: cuando sus ojos se abrieron, en realidad se estaban cerrando.

- Jesús dice que el ojo es lámpara del cuerpo. Aunque hay distintas formas de entender su dicho, queda clara la asombrosa influencia que tiene lo que se ve en todas las otras facetas de la experiencia humana. Lo que el ojo ve es una ventana de acceso a todo el interior de una persona, y eso va a convertirse luego en un condicionante poderoso de las decisiones y de las acciones que se asuman.

- Pablo ora en Efesios 1 para que los ojos de quienes caminan con Dios sean alumbrados de modo que se puedan "saber" algunas cosas esenciales. Hay un cierto conocimiento que no viene como resultado de la función mental, que no se consigue con la simple lógica humana. Es una expresión de lo que podríamos llamar inteligencia espiritual, la cual tiene que ver con "ojos" que son alumbrados, con "ojos" que ven en la dimensión espiritual y traen una comprensión que de otra forma no sería posible obtener.

Job comprendió que no es lo que se oye, sino lo que se ve, lo que cambia a una persona: *"De oídas había oído hablar de ti, pero ahora te veo con mis propios ojos".*[3]

No es lo que se oye, sino lo que se ve, lo que cambia a una persona.

Poner los ojos en el sueño de Dios

Lo que hemos llamado la declaración de propósito que Dios hace sobre cada viajero (según lo que vimos en el Salmo 139) tiene que ser visto y apropiado de manera muy personal por cada uno de nosotros. Se trata de ver el destino profético con "los propios ojos", el cual debe ser aprehendido como resultado de una experiencia propia, no contada. Esto último es el sentido de lo escrito en Génesis 13:14: el destino profético de cada viajero comienza a ser realidad cuando ha sido comprendido de una manera personal e íntima; es decir, cuando ha sido visto de manera personal.

Juan el Bautista es un ejemplo muy inspirador en muchos asuntos; uno de ellos está relacionado con lo que estamos hablando. Cuando es interrogado acerca de su identidad, primero responde declarando lo que no es, y luego se reafirma en lo que sí es (véase Juan 1:19-23). La historia de su respuesta en realidad se remonta al momento en que su padre Zacarías tuvo una visión estando en el Templo de Dios, donde todo comenzó. Zacarías experimentó una evolución espiritual muy impactante, porque de ser un anciano sacerdote lleno de incredulidad, pasó a ser un profeta de Dios para su propio hijo. No creo que después de lo vivido, Zacarías haya guardado silencio contemplando el paso de los años, creyendo que su profecía sobre su hijo cuando este era un bebé era suficiente. Lo veo, más bien, profetizando lo mismo sobre Juan una y otra vez, quizás hasta el punto de importunar a su hijo con sus revelaciones.

Lo veo así porque es claro para mí que es imposible callar cuando Dios ha dado una Palabra, cuando nos ha abierto los oídos y los ojos para recibir su dicho y cuando se ha recibido una revelación. Zacarías no paró de profetizar desde el día mismo del nacimiento de su hijo, pero eso no era suficiente para Juan; él debía verlo con sus propios ojos, y así fue. No sé el momento, no sé cómo, pero es evidente que pasó, porque de otra forma no se habría atrevido a salir al desierto a predicar y a hacer las cosas que hizo. En un momento clave, Juan llegó a una convicción personal y profunda acerca de su identidad, y respondió a eso de manera decidida. Todo viajero necesita esa misma experiencia: ver con sus propios ojos su destino profético.

Un viajero necesita recordar la visión.

Está claro entonces que un viajero necesita recordar la visión, el sueño de Dios con el que está vinculado, enfocándose una y otra vez en él. Para ello, déjeme compartir con usted como viajero lo que podemos llamar el "proceso de la visión".

> *"En la fe murieron todos estos sin haber recibido lo prometido, sino mirándolo de lejos, creyéndolo y saludándolo, y confesando que eran extranjeros y peregrinos sobre la tierra."*[4]

Hay un proceso en cuatro etapas descrito en este texto, que puede ayudar a comprender un poco cómo mantenerse enfocado en el sueño de Dios para usted:

- El impacto de la visión - Este es el momento cuando todo comienza, el momento mismo en que es alumbrado con una muestra global del sueño de Dios para usted, cuando recibe un impacto que lo alumbra, pero que al mismo tiempo lo enceguece. No hablo necesariamente de una experiencia en la que se ve literalmente, aunque puede venir así también, sino me refiero a un toque interior de luz que deja ver por primera vez el sueño de Dios para usted.

- El entendimiento de la visión - Pasado un poco el tiempo, los detalles del sueño de Dios con el que está usted vinculado, comienzan a llegar. Esos detalles pueden provenir de diferentes fuentes: "profetas" no formales que simplemente describen los "destellos" que ven salir de usted, o aquellos que se han beneficiado por algunas de sus actuaciones, o la operación del Espíritu de Dios que va abriendo más sus ojos para comprender mejor lo que Dios ya le ha dicho.

- La memoria de la visión - Viene luego esta etapa en que el escepticismo intenta atraparlo, cuando aparecen preguntas en cuanto a si habrá entendido bien, o en cuanto a si estará usted en lo correcto, porque quizás ha pasado cierto tiempo y no ve muchos cumplimientos. Este es el momento preciso para recordar la visión, para poner de nuevo el sueño de Dios ante sus ojos, precisamente porque parece diluirse en medio de tantas circunstancias.

- La confesión de la visión - Una cosa que usted puede aprender de José el hijo de Jacob, el soñador, es que necesita declarar el sueño que ha recibido de parte de Dios, hablar de ese sueño y compartir con otros ese sueño, no en un espíritu de orgullo o arrogancia, pero sí en una actitud desprevenida y transparente.

La necesidad de enfocarse en el sueño de Dios

Uno de los secretos para un avance verdadero en el camino está relacionado directamente con el hecho de que usted como viajero logre mantenerse enfocado; recuerde que es el enfoque el secreto de la potencia del láser.

- Usted como viajero necesita enfoque en su viaje porque todo el tiempo van surgiendo posibilidades de todo orden que pueden causar confusión.

- Usted necesita enfoque porque se requieren esfuerzos y recursos en una misma dirección para concretar lo que se quiere lograr, lo que se quiere alcanzar, lo que se quiere construir.

- Usted necesita enfoque porque solamente enfocando un objetivo principal, usted puede decidir entre lo que es importante hacer y lo que no.

Si revisamos de nuevo el texto del principio de este capítulo, encontramos que el sueño de Dios para cada viajero es un poderoso recurso para que se mantenga enfocado y avanzando. Veamos:

- Dios orienta la visión del viajero, le muestra la dirección en que debe mirar. Puede venir esto como una visión sobrenatural literalmente, o como un profundo anhelo que va subiendo en el corazón. Dado que fue Él quien escribió en su libro los anhelos y sueños sobre cada viajero, es Él mismo quien orienta ese sueño y le va dando precisión.

- Dios conecta al viajero con lo que su viaje producirá para sus generaciones futuras, dejándole ver el impacto a largo plazo que vendrá como resultado de ponerse en línea con el sueño de Dios. Le muestra cómo el sueño dado y el caminar hacia Él tienen un impacto altísimo en las generaciones que vendrán después. La propuesta divina es que cada generación le sirva de trampolín a la generación siguiente, y que cada nueva generación reciba de la anterior un mapa, una especie de eje conductor que la encamine franca hacia el cumplimiento de la plenitud de la promesa que va pasando de una generación a otra.

- Dios anima al viajero a hacerse parte del sueño divino, dándole también un espacio para que Él mismo sea ensanchado a causa de la visión recibida, de modo que pueda "crear" dentro de la visión que el Creador le haya dado.

Tal parece que a medida que el viajero se adentra en su camino hacia el cumplimiento del sueño de Dios, el velo se va descorriendo y la promesa se va haciendo más clara. Pareciera que Dios va explicando un poco más o va dando otros detalles. El resultado de todo esto es ánimo para avanzar, claridad en cuanto a dónde ir y nuevos altares.

LECCIÓN 7

CONFRONTE EL ÁMBITO ESPIRITUAL

"En cuanto Abram supo que su sobrino estaba cautivo, convocó a trescientos dieciocho hombres adiestrados que habían nacido en su casa, y persiguió a los invasores hasta Dan. Durante la noche Abram y sus siervos desplegaron sus fuerzas y los derrotaron, persiguiéndolos hasta Hobá, que está al norte de Damasco. Así recuperó todos los bienes, y también rescató a su sobrino Lot, junto con sus posesiones, las mujeres y la demás gente."[1]

Llegamos aquí a un punto desafiante a tener en cuenta por todo viajero: el relativo a su situación frente al ámbito espiritual que le rodea y a la manera cómo va a tratar con él. A un viajero no le ayuda entender el mundo como una especie de gran sala de cirugía en total asepsia, en la que no hay ciertas fuerzas espirituales operando, o en la que los acontecimientos del mundo natural y visible no tienen ninguna conexión con el ámbito espiritual. Muy al contrario: el mundo natural y visible es un gran escenario sobre el que se mueven y operan poderes espirituales indeseables con los que el viajero tiene que saber tratar.

El relato en contexto

El rey Amrafel, con quien comienza el relato al principio del capítulo 14, parece ser el mismo Nimrod, el tristemente célebre rey de Sinar, una región que puede ser la misma Babilonia. El nombre de este rey significa "profeta de la oscuridad: la caída del profeta".

Nimrod es una de las figuras prominentes en la Biblia. Se le vincula con rebelión y oposición a Dios, y es el gestor de todo lo que Babilonia es, en el sentido más extenso de la palabra. Una tradición hebrea afirma dos cosas muy interesantes relativas a Nimrod y Abraham. Por una parte, sostiene que Abraham fue ocultado por trece años para que Nimrod no lo matase; y por otra, dice además que Abraham fue arrojado alguna vez por Nimrod a un horno encendido, de donde salió milagrosamente ileso. Debo enfatizar que aunque esto es una tradición hebrea sin comprobación cierta, ilustra la confrontación corriente que existe entre lo que cada uno de ellos representa. En todo caso, es seguro que Abraham vivió bajo la influencia de Babilonia en su ciudad natal de Ur, y que por algún tiempo recibió en su vida el impacto de todo lo que Babilonia era.

Otro de los protagonistas del relato de todo el capítulo 14 es el rey Quedorlaómer, quien había subyugado a cinco reyes del Sur durante doce años, con el apoyo de reyes aliados. Su nombre significa "siervo de (la diosa) Laqamar", cuyo nombre significa "convertirte en cautivo". En el versículo 13 del capítulo en cuestión se describe a Abraham como el "hebreo", a quien fueron a pedir ayuda. El significado y origen de la palabra "hebreo" es incierto, pero algunos lo traducen como "uno que viene de más allá", o "uno que viene del otro lado". Este significado, para nuestra información hasta aquí, sumado a todo lo que se narra anteriormente, reafirma la idea de una confrontación real y recia entre dos esencias que, de por sí, están en absoluto conflicto.

Todo en el contexto de este capítulo 14 habla de un ambiente de confrontación, con connotaciones muy espirituales. Todo indica que un viajero se va a encontrar en su camino con este tipo de confrontación en las más diversas maneras.

Todo viajero recorre su camino en medio de una atmósfera que se asemeja a un campo de batalla.

- El sistema le hace guerra al viajero de Dios. Es muy importante recordar a qué nos referimos cuando hablamos del "sistema". Tenga en cuenta, querido lector, lo que hemos dicho sobre Egipto, y agregue a eso lo siguiente:

El sistema le hace guerra al viajero de Dios.

Nimrod, el perseguidor de Abraham, fue uno de los principales edificadores de la muy famosa ciudad de Babilonia. Evidentemente, Babilonia era en muchos sentidos una ciudad como las conocemos hoy, pero el asunto se hace muy interesante cuando nos acercamos un poco más al concepto antiguo de ciudad.

Las ciudades antiguas eran edificadas con fundamentos místicos, tratando de que fueran algo así como espejos que reflejaran en el mundo físico las estructuras espirituales invisibles que estaban como "suspendidas" sobre los territorios en los que se construían. No se edificaban de una manera siempre espontánea, sino de manera deliberada, para atraer al ámbito natural lo que era real en el ámbito espiritual. Buscaban crear un espacio de gobierno en el mundo visible para los seres espirituales a los que adoraban y que ejercían su influencia sobre los territorios en los que se edificarían esas ciudades.

Las ciudades se edificaban entonces respondiendo a "modelos" existentes en el ámbito espiritual, ámbito que eventualmente era de una claridad meridiana para las gentes de ese tiempo (estaba ocasionalmente muy abierto a sus ojos). En efecto, se edificaban así para atraer su influencia de manera muy real, de modo que las gentes que las habitaran expresaran por medio de sus vidas mismas, de sus relaciones, de sus cultos y de sus estructuras en general, esos modelos y estructuras espirituales de las que hablamos. En palabras simples, las ciudades eran estructuras que juntaban el cielo con la tierra en un determinado territorio.

Es este concepto más amplio de ciudad lo que nos hace pensar que Babel y Babilonia no solamente describen asentamientos humanos, sino también conexiones espirituales aplicadas al plano natural, y expresan, en todo aspecto de la vida de sus habitantes, los conceptos y modelos derivados de esas conexiones. En otras palabras, Babilonia describe todo un sistema, una estructura que une el plano espiritual con el plano físico, pero para expresar abierta oposición a Dios. Por ello es tan evidente, como lo ha expresado el Dr. José Batista de manera tan acertada, que toda cultura al principio ha sido un culto.

Cabe aquí recordar que un sistema, en sentido general, es un conjunto de elementos relacionados íntimamente entre sí, los cuales buscan alcanzar un objetivo común. En otras palabras, un sistema es un conjunto de partes organizadas y relacionadas que interactúan entre sí para alcanzar su propósito. Al pensar en esto, podemos reafirmar que Babilonia es el gran sistema que circunscribe al mundo y a todo lo mundano, el ordenamiento estructurado de cosas en las cuales Dios no es reconocido como Dios, y en las que se rechaza su gobierno.

Esto llega a ser tan notorio que Abraham, un habitante de un lugar geográfico, Ur de los caldeos, que estaba bajo la influencia de Babilonia, sale de allí no solo como quien sale de un lugar, sino como quien abandona y se opone ahora a todo el sistema babilónico para buscar otro "sistema": el que la Biblia llama la ciudad de Dios. *"Abraham obedeció porque quería ir a la ciudad que tiene bases eternas, una ciudad planeada y construida por Dios."*[2]

En Abraham y Nimrod, se dibuja la confrontación que hoy resulta del movimiento de un viajero que quiere recorrer su camino por fuera del sistema imperante. Ambos querían una ciudad porque ambos comprendían lo que una ciudad implicaba. Abraham era descendiente de Sem, un hombre bendecido; Nimrod era descendiente de Cam, el hombre a quien su padre maldijo. De manera clara se ven dos líneas de viaje completamente opuestas: por una parte, el mundo y todo lo que es en esencia babilónico, todo lo que de formas sutiles y no sutiles rehúsa el gobierno de Dios; y por otra parte, el reino de Dios anhelado, el sometimiento a Dios y a su gobierno en todas las áreas de la experiencia humana, y el anhelo de la bendición en todo acto de la vida. Veamos lo que la Biblia declara sobre ellos en un par de referencias muy

la vocación que tiene un viajero de Dios: la de ir más allá de la obligación.

interesantes, que sustentan lo que estamos diciendo de ambos a manera de paralelo:

> *"Kush engendró a Nimrod, que fue el primero en acumular poder en la tierra. Era poderoso cazador contra Hashem, por eso suele decirse (sobre alguien que hace el mal deliberadamente) "Es como Nimrod, poderoso cazador contra Hashem" (Su poder consistía en cazar -engañar- con su elocuencia demagógica la buena voluntad de los hombres a fin de incitarlos a rebelarse contra Hashem.) El comienzo de su reinado fue Bavel (babilonia)".*[3]

> *"Por fe Abraham, cuando fue llamado, obedeció partiendo hacia el lugar que habría de recibir por herencia, y partió sin saber a dónde iba. Por fe radicó como extranjero en la tierra que le había sido prometida, como en tierra ajena, habitando en tiendas junto con Isaac y Jacob, coherederos de la misma promesa, porque él estaba a la expectativa de la Ciudad que tiene fundamento, cuyo arquitecto y constructor es Dios".*[4]

Es este sistema babilónico que describimos el mismo que rige al mundo presente, el que por su naturaleza se opone a todo lo que es verdaderamente Dios. De manera muy "natural" y muy seria, el sistema va a oponerse a todo aquel que hace su viaje por fuera de su influencia alienante.

> *"La mujer estaba vestida de púrpura y escarlata, resplandecía de oro, piedras preciosas y perlas; llevaba en su mano una copa de oro llena de abominaciones, y también las impurezas de su prostitución, y en su frente un nombre escrito - un misterio -: «La Gran Babilonia, la madre de las rameras y de las abominaciones de la tierra.»"*[5]

"Me dijo además: «Las aguas que has visto, donde está sentada la Ramera, son pueblos, muchedumbres, naciones y lenguas."[6]

"Y la mujer que has visto es la Gran Ciudad, la que tiene la soberanía sobre los reyes de la tierra."[7]

Babilonia habla del mundo como en realidad es: un sistema ajeno a Dios. Es un mundo lleno de orgullo, creador de una cosmovisión hecha a la medida del gusto de cada uno, que adora a todo menos a Dios, absolutamente humanista, injusto, corrupto, lleno de violencia. Es un sistema cosido por debajo a través de sus conexiones espirituales y de sus valores impíos, que invita a los hombres a levantar de nuevo una torre de Babel para invocar a dioses propios y para mantenerse en oposición a Dios.

Viajero, escuche bien esto: el sistema le va a retar, le va a proponer, tratará de seducirlo, querrá desanimarlo. Al no tener éxito, lo censurará luego, se burlará de usted. El sistema lo va a criticar, lo va a ridiculizar; el sistema lo tratará como enemigo de la modernidad y a la vez como destructor de la fe de sus ancestros. En una frase: el sistema lo perseguirá por ser usted un viajero de Dios, pero la verdad es que el sistema lo perseguirá porque tiene miedo de usted.

> El sistema lo perseguirá porque tiene miedo de usted.

Hay una actividad espiritual oscura que se opone al viajero de Dios. Jesús habló de manera clara acerca de un ámbito espiritual lleno de oscuridad, y habló también de la actividad real de los seres angélicos llamados demonios. Además, en el cumplimiento de su ministerio, Jesús confrontó sus distintas actividades y los echó fuera.

> *"Cuando un espíritu malo sale de alguien, viaja por el desierto buscando donde descansar. Cuando no encuentra ningún lugar, dice: "Mejor regresaré a mi antigua casa y me meteré de nuevo en ella. Cuando regresa, la encuentra desocupada, limpia y ordenada. Entonces va y busca a otros siete espíritus peores que él, y se meten dentro de aquella persona y viven allí. ¡Y la pobre termina peor que cuando solo tenía un espíritu malo!"*[8]

> *"Cuando volvieron donde estaba la gente, se acercó un hombre a Jesús y se arrodilló ante él. Le dijo: "Señor, ten piedad de mi hijo, que es epiléptico y su estado es lastimoso. A menudo se nos cae al fuego, y otras veces al agua. Lo he llevado a tus discípulos, pero no han podido curarlo." Jesús respondió: "¡Qué generación tan incrédula y malvada! ¿Hasta cuándo estaré entre ustedes? ¿Hasta cuándo tendré que soportarlos? Tráiganmelo acá." Enseguida Jesús dio una orden al demonio, que salió, y desde ese momento el niño quedó sano."*[9]

> *"En la sinagoga había un hombre que tenía un espíritu malo. El espíritu le gritó a Jesús: —¡Jesús de Nazaret! ¿Qué quieres hacer con nosotros? ¿Acaso vienes a destruirnos? Yo sé quién eres tú. ¡Eres el Hijo de Dios! Jesús reprendió al espíritu malo y le dijo: --¡Cállate! ¡Sal de este hombre! El espíritu malo lanzó al hombre al suelo, delante de todos, y salió de él sin hacerle daño. La gente se asombró mucho, y decía: "¿Qué clase de poder tiene este hombre? Con autoridad y poder les ordena a los espíritus malos que salgan, y ellos le obedecen."*[10]

El apóstol Pablo describió la actividad de estas fuerzas de maldad de maneras particulares, y también las confrontó en su experiencia ministerial. Con ello se demuestra que no es fábula, ni tampoco metáfora bíblica, cuando se habla de huestes de maldad, cuando se habla de ángeles demonios, y que estos seres corruptos luchan para oponerse al avance del viajero de Dios.

> *"Un día que íbamos con Pablo al lugar de oración, en el camino nos encontramos con una esclava. Esta muchacha tenía un espíritu que le daba poder para anunciar lo que iba a suceder en el futuro. De esa manera, los dueños de la muchacha ganaban mucho dinero. La muchacha nos seguía y gritaba a la gente: "¡Estos hombres trabajan para el Dios Altísimo, y han venido a decirles que Dios puede salvarlos!" La muchacha hizo eso durante varios días, hasta que Pablo no aguantó más y, muy enojado, le dijo al espíritu: "¡En el nombre de Jesucristo, te ordeno que salgas de esta muchacha!" Al instante, el espíritu salió de ella."*[11]

> *"Pero me temo que, así como la serpiente con su astucia engañó a Eva, los pensamientos de ustedes sean desviados de un compromiso puro y sincero con Cristo."*[12]

> *"Y no es de extrañar, ya que Satanás mismo se disfraza de ángel de luz. Por eso no es de sorprenderse que sus servidores se disfracen de servidores de la justicia. Su fin corresponderá con lo que merecen sus acciones."*[13]

> *"Porque no estamos luchando contra poderes humanos, sino contra malignas fuerzas espirituales del cielo, las cuales tienen mando, autoridad y dominio sobre el mundo de tinieblas que nos rodea."*[14]

El viajero puede caminar de manera exitosa en medio de la confrontación espiritual.

El viajero puede caminar de manera exitosa en medio de la confrontación espiritual.

Resulta crucial comprender estos asuntos de los que venimos hablando; comprender que el simple hecho de hacer el viaje de la vida de la mano de Dios significará confrontar oposición seria. No obstante, es aun más importante comprender que existe la manera de afrontar con éxito esta faceta del viaje.

(1) Romper con las prácticas paganas

Hay ciertas prácticas de orden espiritual que son abiertamente condenadas por Dios, aunque a veces son muy populares y aceptadas. De ellas es imperativo abstenerse, si es que usted quiere vivir por fuera de la influencia oscura de la que hablamos y si desea experimentar un verdadero avance en su viaje porque esas prácticas implican un trato directo y explícito con el mundo de lo oculto y con demonios. Veamos:

> *"Cuando hayan entrado ustedes en el país que el Señor su Dios les va a dar, no imiten las horribles costumbres de esas naciones. Que nadie de ustedes ofrezca en sacrificio a su hijo haciéndolo pasar por el fuego, ni practique la adivinación, ni pretenda predecir el futuro, ni se dedique a la hechicería ni a los encantamientos, ni consulte a los adivinos y a los que invocan a los espíritus, ni consulte a los muertos. Porque al*

> *Señor le repugnan los que hacen estas cosas. Y si el Señor su Dios arroja de la presencia de ustedes a estas naciones, es precisamente porque tienen esas horribles costumbres. Ustedes deben ser perfectos en su relación con Dios. Esas naciones, cuyo territorio van ustedes a poseer, hacen caso a los que pretenden predecir el futuro y a los adivinos, pero a ustedes el Señor su Dios no les permite semejante cosa".*[15]

El trato con lo oculto es un abierto desafío a Dios; es como un reto descarado e insolente. Permítame ilustrarlo de la siguiente manera: es como si usted experimentara una ruptura agresiva con su propio padre, llena de insolencia y de falta de respeto de su parte, y a eso le agregara el hacerse cómplice del peor de sus contradictores. Acudir a las prácticas de lo oculto es una manera de declarar lo inservible que es el Dios del cielo; es una manera descarada de expresar que quiere valerse de los poderes residentes en los ámbitos espirituales para satisfacer deseos oscuros del corazón, y hacerse tan oscuro como los poderes a los que acude.

El trato con lo oculto es un abierto desafío a Dios.

Por todo esto, el trato con lo oculto es un trato explícito con demonios, que traerá daños emocionales, financieros o morales a la experiencia de viaje de quien lo practique.

En mi infancia, fui llevado al trato con lo oculto, por un lado al ser enseñado en la práctica de la tabla *Ouija* y, por otro, al ser expuesto a un médium que afirmaba ser el enlace con espíritus de muertos. A pesar de que se me introdujo en ello como algo inofensivo, aceptable y de acuerdo con las costumbres religiosas de mi familia, el resultado para mí en aspectos íntimos de la vida fue desastroso. Su efecto malsano se fue asentando poco a poco con el paso de los meses y en los años siguientes de mi adolescencia.

Quiero decirle de manera muy seria que es imperativo renunciar y apartarse de estas prácticas. Si ya lo ha hecho, no está de más retroceder un poco en su historia de vida para declarar arrepentimiento en cuanto a las prácticas de esta naturaleza en las que se involucró, incluso hasta las más "inocentes".

(2) Vestir la armadura de Dios

> *"Vestíos de toda la armadura de Dios, para que podáis resistir con firmeza las asechanzas del diablo, porque nuestra lucha no es contra seres de carne y hueso, sino contra potestades y autoridades, contra los que gobiernan las tinieblas de este mundo y también contra los espíritus malignos que habitan regiones celestiales. Revestíos de la armadura completa de Dios, para que podáis resistir los ataques enemigos en el día malo; así, cuando la batalla termine, vosotros seguiréis en pie."*[16]

Es vital comprender que hay una "lucha" espiritual real, un conflicto verdadero. Recuerde que el mundo no es una gran sala de cirugía con asepsia total, que no existe una posición neutra en medio de este conflicto, y que los viajeros estamos involucrados en él. Además, la Biblia nos enseña que las hordas satánicas tienen una estructura jerarquizada y un propósito definido de destrucción y muerte. Esto es cierto para todo ámbito de la actividad humana. Es necesario salir del error común de creer que este conflicto espiritual solo afecta lo religioso, lo moral o lo ético, y que no influye en otros ámbitos. Baste recordar que el apetito satánico siempre ha sido gobernar la tierra, que su gran pasión es gobernar, es ser dios. Es bueno comprender que este conflicto afecta a todos los aspectos de la actividad humana y a todas las personas.

En este contexto, Pablo, el apóstol, explica la importancia de la armadura de Dios, y su utilidad. Él declara que es útil para "estar firmes", para "resistir" en el día malo. El verbo griego usado en ambos casos, el que aparece en los versículos 11, 13 y 14 de Efesios 6 es *histemi*, que se traduce como poner, situar, estar ante o en la presencia de, guardar intacto, escapar en seguridad.

La armadura de Dios debe ser vestida, no simplemente usada en términos místicos. Por eso tiene unas comparaciones-aplicaciones concretas: el cinturón es la verdad, la coraza es la justicia de Dios, el escudo es la fe, y así cada parte. Esto afirma nuestra idea en cuanto a que la armadura de Dios debe ser vivida, aplicada a la experiencia diaria de cada viajero que quiera estar firme a pesar de la terrible confrontación espiritual en medio de la cual se encuentra. La armadura de Dios constituye una protección verdadera frente a las obras de las tinieblas y garantiza un buen final para quien la viste.

La armadura de Dios debe ser vestida, no simplemente usada.

(3) No dar lugar al diablo

"No le den ninguna oportunidad al diablo."[17]

Otra clave para ser exitosos en el viaje, frente a la realidad de esta confrontación espiritual, tiene que ver con no ceder ante el diablo espacios de ninguna clase. Dichos espacios se pueden ceder por causa de una vida no sometida a Dios (con todo lo que eso implica), o por causa del temor y de la incredulidad (algunos ven al diablo muy "grande"), entre otras cosas.

(4) Confrontar los demonios en el nombre de Jesús

No podemos pasar por aquí sin dejar de mencionar una de las prácticas clave en el marco de esta confrontación espiritual: la confrontación explícita, sin querer despertar en usted una especie de espíritu paranoico. Debo decir que hay una racionalización indebida del conflicto que impide a muchos viajeros ver la acción de demonios donde verdaderamente está, y hace que sea tratada con medios inadecuados. Lo espiritual, de manera espiritual debe ser atendido, y cada viajero necesita un sano equilibrio en este aspecto de su viaje para que no se encuentre tratando lo demoníaco con "paños de agua tibia".

Lo espiritual, de manera espiritual debe ser atendido.

> *"Estas señales seguirán a los que creen: En mi nombre echarán fuera demonios, hablarán nuevas lenguas, tomarán serpientes en las manos, y si llegan a beber cosa venenosa, no les dañará. Sobre los enfermos pondrán sus manos, y sanarán."*[18]

> *"Así que sométanse a Dios. Resistan al diablo, y él huirá de ustedes."*[19]

LECCIÓN 8

SIRVA A OTROS VIAJEROS

"Y tomaron también a Lot, sobrino de Abram, con todas sus posesiones, pues él habitaba en Sodoma, y partieron. Y uno de los que escaparon vino y se lo hizo saber a Abram el hebreo, que habitaba en el encinar de Mamre el amorreo, hermano de Escol y hermano de Aner, y éstos eran aliados de Abram. Al oír Abram que su pariente había sido llevado cautivo, movilizó a sus hombres adiestrados nacidos en su casa, trescientos dieciocho, y salió en su persecución hasta Dan. Y por la noche, él, con sus siervos, organizó sus fuerzas contra ellos, y los derrotó y los persiguió hasta Hoba, que está al norte de Damasco. Y recobró todos sus bienes, también a su pariente Lot con sus posesiones, y también a las mujeres y a la gente."[1]

Antes de abordar esta lección, se hace necesario revisar de manera honesta cuál es la posición que tenemos frente a la necesidad de quienes están cerca de nosotros, de quienes se encuentran en nuestro círculo. Mucha de la atención que damos a las personas no está motivada por un genuino interés en la persona misma, sino por el rol que esa persona cumple y por el valor estratégico que le asignamos. Si una persona cuenta en mis números de resultados, o si ayuda a mostrar mi eficiencia en el cumplimiento de alguna estrategia, entonces pongo mi interés en atenderla de modo especial.

En los actuales tiempos, percibo un cierto nivel de confusión en las motivaciones que tienen muchos en su trato hacia los demás. Dichas motivaciones los hace lucir como genuinamente interesados en las demás personas, pero en realidad es una valoración maquillada, un poco "mercantilista", de los otros, si le ponemos un trasfondo eclesiástico.

Si nos metemos en el pasaje arriba señalado, comencemos afirmando que solamente alguien como Abram, un "hebreo", podía ayudar en un asunto como el relatado. Recordemos que la expresión "hebreo" en los textos bíblicos que hemos venido revisando habla de alguien venido del "otro lado". Este escenario me hace recordar las palabras del Señor cuando dijo que un ciego no puede guiar a otro. Si usted es un viajero que camina de la mano de Dios, entonces es uno del "otro lado", lo cual lo habilita para ayudar a quienes son de "este lado".

Necesitamos, en todo caso, recuperar la motivación correcta para servir a otra persona. En este sentido, quiero proponerle a usted, como viajero, unas cuantas acciones que pueden ser aprendidas de Abraham.

Alianzas para el bien

Abraham vivía en medio de personas que eran sus aliados. Dada la situación de conflicto espiritual serio en medio del cual usted realiza su viaje, caminar cerca de quienes, como usted, han decidido cumplir su propio viaje de la mano de Dios, resulta ser una acción de sana sabiduría y de supervivencia. No estoy hablando de mantener una actitud de aislamiento o de encierro ante quienes le rodean, pero sí de la importancia de desarrollar relaciones significativas con quienes tratan de mantener su experiencia de vida dentro de los modelos de Dios, tal como usted lo está intentando.

Jesús habló, en el contexto de una parábola, de cómo los que hacen el viaje de la vida sin Dios hacen mejor uso de sus relaciones con otros, que quienes son viajeros de Dios. En el versículo que encontramos a continuación, se usa la palabra "sagacidad" no en su significado negativo, sino con respecto a la habilidad de sacar buen provecho de las relaciones con otros.

> *"El señor elogió al mayordomo injusto porque había procedido con sagacidad, pues los hijos de este siglo son más sagaces en las relaciones con sus semejantes que los hijos de la luz."*[2]

Necesitamos hacer lo que aquí yo llamo "alianzas para el bien", como las que tenía Abraham. Me refiero a acuerdos, asociaciones, vínculos de diferente orden y método para hacer que los asuntos que interesan a Dios puedan avanzar en el mundo. A veces, los viajeros de Dios nos encerramos un poco pensando que solamente aquello que hagamos dentro de las estructuras eclesiales son

Necesitamos hacer "alianzas para el bien" ... podemos aportar iniciativas que ayuden a suavizar las tantas durezas de la vida.

nuestro aporte correcto, o incluso que eso es lo único que podemos entregar. Sin embargo, los viajeros de Dios podemos ser impulsores en muchas maneras, en diversos escenarios y en formas creativas; podemos aportar iniciativas que ayuden a suavizar las tantas durezas de la vida para individuos y para comunidades completas, iniciativas nacidas en el corazón de Dios y administradas por quienes hacemos nuestro viaje de su mano.

Somos afectados por una forma incorrecta de ver el mundo dividido en dos: una parte sagrada y otra secular; lo que, en consecuencia, nos hace ver también dividida en dos toda acción humana. Se supone que el viajero de Dios solo se ocupa de las cosas que son estimadas dentro del ámbito de lo sagrado, y que lo demás, ese "odioso" mundo secular con todo lo que allí sucede, pertenece a los otros que no caminan con Dios. Ver el mundo y ver la vida de esta manera hace que los viajeros de Dios se sustraigan de toda acción que no tenga una evidente etiqueta que la clasifique como sagrada, y que desechen oportunidades para construir esas alianzas para el bien de las que hablamos. Esta mentalidad nos quita espacio para dar todo lo que Dios quiere, le pone un embudo a nuestro accionar, y nos convierte en personas que solo buscan convertir a los demás en "gente de los templos".

¡Qué bueno que podamos abrir los espacios y movernos libremente en todos los ámbitos del mundo! y no solamente en los sagrados. Resulta mejor aún que a esos espacios llevemos todo el bien que es posible dar de parte de Dios, en lugar de limitarnos solo a hacer aquello que nos ayuda simplemente a ganar a

> Llevemos todo el bien que es posible dar de parte de Dios.

muchos para llevarlos a la silla de la inacción y de la indiferencia.

Perseguir para liberar

Hay otro concepto a aprender de Abraham, uno que debería mantener todo viajero de Dios en su enfoque: perseguir para liberar. Vamos a ampliar este pensamiento mirando la historia del pasaje al inicio del presente capítulo.

"No es suficiente que yo esté bien"; este fue el pensamiento que Nehemías puso en el corazón de la gente de Jerusalén para que se movilizaran para reedificar el muro caído. Para este caso en particular, Nehemías los retó a pelear contra los enemigos de la reedificación del muro hasta que todos estuvieran bien y el muro se hubiera concluido. Esta clase de mentalidad provoca un movimiento espontáneo en favor de otros viajeros, sea que estos estén haciendo su viaje con Dios o aun no.

Abraham se da a la tarea de ir tras los captores, dejando en su acción lecciones increíbles. Abraham mismo es una prueba de que la gente de fe es gente de guerra. A la hora de ver la prisión de otro o su necesidad, el viajero de fe se transforma en un león; y es aquí donde veo un valor de vida central en la intimidad de un viajero de Dios; puedo identificar ese valor de vida con las palabras "perseguir para liberar". Y es precisamente ese valor el que impulsa al viajero de Dios a ir tras los cautivos, peleando contra sus captores sin aceptar nada menos que la libertad de ellos a cambio de su lucha.

La gente de fe es gente de guerra.

Creo que no podemos rehuir el conflicto que tenemos con el sistema; antes bien, en una actitud humilde, tenemos que confrontar el sistema en todas las formas que sea necesario.

Es bueno tener en cuenta que liberar también implica "perseguir" al cautivo; perseguirlo con acciones de amor, mostrando un genuino interés en él o ella, dejando de ver a la persona simplemente como se mira a un potencial prosélito. Para cumplir esta labor, hemos de trazar estrategias para liberar a los cautivos, dando respuestas organizadas a las necesidades de las gentes por medio de acciones deliberadas y coordinadas.

> Liberar también implica "perseguir" al cautivo.

Queda claro cuál es la vocación que tiene un viajero de Dios: la de ir más allá de la obligación a la hora de liberar cautivos. Abraham no se conformó con ir; persiguió a los cautivadores hasta Dan, y siguió tras ellos hasta asegurarse de que los había puesto a un lado.

LECCIÓN 9

SEA PRODUCTIVO Y GENEROSO

"Así recuperó todos los bienes, y también rescató a su sobrino Lot, junto con sus posesiones, las mujeres y la demás gente. Cuando Abram volvía de derrotar a Quedorlaómer y a los reyes que estaban con él, el rey de Sodoma salió a su encuentro en el valle de Save, es decir, en el valle del Rey. Y Melquisedec, rey de Salén y sacerdote del Dios altísimo, le ofreció pan y vino. Luego bendijo a Abram con estas palabras: «¡Que el Dios altísimo, creador del cielo y de la tierra, bendiga a Abram! ¡Bendito sea el Dios altísimo, que entregó en tus manos a tus enemigos!» Entonces Abram le dio el diezmo de todo."[1]

Es tremendamente interesante que el rescate que Abraham lideró en favor de sus amigos no se limitó solamente a traer a libertad a las personas mismas, sino que incluyó de manera muy específica los bienes de ellos, sus "riquezas" y todas sus posesiones.

Un rescate completo

Si hay un escenario de verdadera lucha en la persona promedio es precisamente el de las finanzas personales. Es algo así como si hubiese un maligno interés en llevar de manera casi "natural" a toda persona hacia la pobreza o hacia la miseria, de ser posible. Esto hace que de manera muy repetida, una buena administración y la obtención de prosperidad material se conviertan verdaderamente en un asunto de "guerra"; una guerra que se libra ante todo en el terreno de las creencias, de las costumbres, de la cultura en lo que respecta al manejo del dinero y de los bienes, pero también en un ámbito muy espiritual. Yo diría que la peor parte tiene que ver con el cambio de cultura, con el cambio de las tendencias, con la transformación de la cosmovisión respecto al dinero, los bienes y la administración correcta de los mismos, porque tenemos sobre nosotros y en nuestro interior el peso de años de pensamiento incorrecto en algunos de estos temas.

El viajero que quiera entrar en niveles mayores de libertad financiera ha de estar dispuesto a librar batallas eventualmente duras para salir de toda forma de esclavitud en este ámbito. Liberarse de dicha esclavitud podrá implicar cambios serios en las maneras de pensar, cambios serios en costumbres, cambios serios en las líneas de acción y cambios serios en la manera de hacer negocios y de establecer relaciones financieras. Para algunos, resulta eventualmente más sencillo pararse firme frente a opresiones de demonios en estas áreas, que aceptar un cambio en su manera de pensar y de vivir.

> Se requiere compañía en el proceso de liberación financiera.

Como sucedió con Abraham y sus amigos, se requiere compañía en el proceso de liberación financiera. El entendimiento mayor que otro tenga, la libertad que esa persona haya conquistado, el camino que ya haya recorrido, las posiciones de fe que haya conquistado en estos ámbitos, todo esto se necesitará como apoyo para romper la tendencia a la pobreza que acompaña a muchos en su viaje.

No debemos, en todo caso, dejar de lado la necesidad de "pelear" para liberar lo que nos pertenece por derecho de diseño, por derecho de herencia. "Pelear" en este contexto no tiene que ver solamente con el ámbito espiritual demoníaco, sino también con la confrontación y revisión de los modelos mentales que mantenemos, y con la necesidad de deshacer las decisiones anti Dios que ocasionalmente tomamos en nuestra vida financiera.

El diseño del principio

Dios puso en el interior de todo ser humano la capacidad necesaria para prosperar cuando lo creó, pero todo ello fue puesto en forma de semilla. Capacidades y habilidades creativas han sido depositadas por Dios en lo profundo de cada viajero para que, al ser desarrolladas, se conviertan en fuente de provisión y de prosperidad financiera. A ello se debe que exista un patrón bíblico en lo que a prosperidad se refiere: es aquella que brota del interior de la persona y no la que le llega desde fuera.

Para efectos de romper el ciclo de pobreza en la experiencia de vida de un viajero y teniendo como base lo anterior, resulta inútil simplemente ayudar al otro a suplir sus necesidades sin ayudarle a desatar su capacidad de prosperar y a modificar su manera de pensar y sus conductas. Es indispensable poner el énfasis en ayudar a romper el "cascarón" que retiene su riqueza interna y en habilitarlo para ser productivo. Esta ayuda deber darse en una forma integral.

> *"Dijo Dios: «Ved que os he dado toda hierba de semilla que existe sobre la haz de toda la tierra, así como todo árbol que lleva fruto de semilla; para vosotros será de alimento."*[2]

Dios establece aquí un fundamento para una serie de asuntos clave en cuanto al manejo de recursos, bienes y dinero. Se ha recalcado que la capacidad para prosperar es inherente a todo ser humano por diseño, pero que dicha capacidad, como también hemos dicho, está en su interior a manera de semilla, demandando entonces el compromiso activo del viajero para que alcance su completo desarrollo.

El asunto crucial aquí es que en la experiencia de casi todos, se provee mayormente una formación mental que los mantiene casi estrictamente en la ruta de "empleo-pensión" como el gran objetivo de la vida, sin enseñarles a explorar las potencialidades en su interior, que es donde están sembradas las capacidades necesarias para prosperar en lo material. Tampoco se enseña a tener esas potencialidades en cuenta a la hora de optar por una cierta formación académica, o a la hora de escoger un desempeño profesional.

Me parece claro que en el diseño de Dios, la pobreza no tiene cabida, que ella llega como parte del paquete negativo que vino al ser humano como resultado de su rebelión hacia Dios, y como parte de todo lo que la muerte espiritual implica. Pareciera como si la capacidad para

En el diseño de Dios, la pobreza no tiene cabida.

prosperar también hubiera muerto y hubiera sido reemplazada por el puro esfuerzo, el puro sudor, por el trabajo duro e infructuoso.

> *"Querido hermano, pido a Dios que, así como te va bien espiritualmente, te vaya bien en todo y tengas buena salud."*[3]

> *"Amado, en todo oro que avances y bien estés, tal como avanza tu alma."*[4]

Está en su interior, querido viajero, el motor para la prosperidad integral y obviamente para su prosperidad material también. La pobreza, vista en sus inicios, está relacionada con la incapacidad de conectarse con la verdadera identidad (lo que realmente somos), con la herencia (lo que realmente tenemos), con el verdadero potencial dado por Dios, con las maneras de hacer germinar esa semilla de avance que llevamos dentro. La ruptura con el Creador y con su diseño y la subsecuente muerte en vida es la esencia de la pobreza en la experiencia de la gran mayoría de los viajeros.

Veamos unos conceptos más relativos al diseño del principio:

> *"Dijo Dios: «Produzca la tierra vegetación: hierbas que den semillas y árboles frutales que den fruto, de su especie, con su semilla dentro, sobre la tierra.» Y así fue".*[5]

Encontramos un patrón más que se puede deducir, observando el orden en que fue hecha la creación. Una vez que se ha puesto todo lo primero en orden y se han creado las condiciones necesarias,

> **Hay entonces un énfasis en la producción y en la productividad de todo lo creado.**

entonces aparecen estas palabras poderosas de Dios que acabamos de leer, las que comienzan con: "Produzca". Hay entonces un énfasis en la producción y en la productividad de todo lo creado. "Produzca" es una palabra con un fuerte contenido. Al ser usada respecto al ser humano, establece la importancia dada por el Creador al asunto de aplicar y usar todo lo que se es y lo que se tiene, con miras a hacer crecer los recursos otorgados por Dios para convertirlos en algo mayor, algo consolidado; en otras palabras, en un producto que traiga alguna clase de mejora en las condiciones propias y en las del entorno. Hacer crecer lo recibido, además de protegerlo, fueron precisamente los dos objetivos de Dios con Adán al colocarlo en el Edén.

> *"Dios el Señor tomó al hombre y lo puso en el huerto de Edén, para que lo cultivara y lo cuidara."*[6]

Dos responsabilidades clave tiene todo ser humano: proteger lo que sea que se le haya dado y hacer crecer lo que se le haya entregado. Cuando hablamos de lo que le haya sido dado o entregado, nos referimos a todo aquello que sea recurso para su desarrollo y el de su entorno, y en esa categoría entran cosas tales como tierra, recursos, relaciones, conocimiento, posesiones y todo lo que le sea fuente para generar riqueza. La tierra responde de manera integral a quienes la habitan, a la palabra que ellos den, a la

Dos responsabilidades clave tiene todo ser humano: proteger lo que sea que se le haya dado y hacer crecer lo que se le haya entregado.

semilla que ellos siembren. Esto va en concordancia con lo que dice el relato bíblico de los asuntos del principio:

> *"Entonces dijo: "Ahora hagamos al hombre a nuestra imagen. Él tendrá poder sobre los peces, las aves, los animales domésticos y los salvajes, y sobre los que se arrastran por el suelo." Cuando Dios creó al hombre, lo creó a su imagen; varón y mujer los creó".*[7]

Dios puso al ser humano en una unión real de este con la tierra misma en la que existe una afectación mutua, pero en la que el liderazgo de la relación está en la cabeza del ser humano. La idea divina es que la tierra responda a las acciones de sus habitantes, que la tierra además exprese la realidad de sus moradores. Resulta bueno aclarar que existen tres asuntos que afectan a la productividad de la tierra y de sus recursos: lo que son quienes la habitan, lo que declaran sobre ella quienes la habitan y lo que siembran en ella quienes la habitan (la forma como se relacionan con ella).

Hay un asunto más para meditar al revisar el diseño del principio. Si todo lo que hemos dicho hasta aquí es verdad, entonces se privilegia la producción por encima del crédito, y también se privilegia la producción por encima del azar. La producción es el concepto esencial dentro del diseño de Dios para la provisión y para la libertad en los asuntos de provisión financiera.

Se privilegia la producción por encima del azar.

La generosidad real

Cuando avanzamos en la experiencia de Abraham, el viajero del que tomamos lecciones para la vida, observamos un encuentro muy significativo que tuvo un profundo impacto en la vida completa del viajero, incluyendo sus finanzas personales. Aparece en el escenario un sacerdote llamado Melquisedec, a quien la Biblia misma designa como una figura profética del Señor Jesucristo:

> *"Este Melquisedec, rey de Salén y sacerdote del Dios Altísimo, salió al encuentro de Abraham, que regresaba de derrotar a los reyes, y lo bendijo. Abraham, a su vez, le dio la décima parte de todo. El nombre Melquisedec significa, en primer lugar, «rey de justicia» y, además, «rey de Salén», esto es, «rey de paz». No tiene padre ni madre ni genealogía; no tiene comienzo ni fin, pero a semejanza del Hijo de Dios, permanece como sacerdote para siempre".*[8]

- Su nombre significa "rey de justicia". En un encuentro que tiene que ver con asuntos materiales de manera tan concreta, es muy relevante que uno de los protagonistas sea descrito como rey de justicia. Hacemos referencia a Él en razón de la necesidad imperativa de involucrar la justicia como un asunto central en la vida financiera normal y cotidiana.

El favor, y no solo la capacidad, es vital para crecer hacia el bienestar material.

- Es un sacerdote que da. El encuentro entre Abraham y Melquisedec comienza con este último dando algo al primero. Esto es también significativo porque establece el patrón de base de una generosidad real, y es que su "incitador" es Dios mismo; Él es quien la provoca, Él es quien la inicia, Él es quien da primero.

- Es un sacerdote que bendice. Una condición esencial en los asuntos financieros cotidianos es la relativa a disfrutar de favor sobre cada aspecto que se entreteje en ellos. El favor, y no solo la capacidad, es vital para crecer hacia el bienestar material que Dios quiere para los suyos.

Un manejo financiero se teje con lo que acabamos de exponer. La justicia, la generosidad de Dios y el favor divino constituyen un camino cierto hacia la libertad financiera. Por esta razón podemos afirmar, aprendiendo de Abraham, que si existe una conexión con Dios en el viaje, esta debe afectar para bien las finanzas y la condición material del viajero. La manera como se manejan los bienes debería estar íntimamente relacionada con la fe que se profesa.

La justicia, la generosidad de Dios y el favor divino constituyen un camino cierto hacia la libertad financiera.

El punto central de lo que estamos diciendo para usted, querido viajero, es que para que toda generosidad sea real, debe tener como base el dar a Dios. Ahora bien, se hace necesario que precisemos ese "dar a Dios" del que estamos hablando.

Por una parte, a Dios se le da al dar a las personas indicadas por Él. A lo largo de toda la Biblia, encontramos innumerables referencias a este hecho. Por otra parte, a Dios se le da cuando se sigue el diseño de Él en el manejo financiero, cuando se observan sus modelos a la hora de tomar decisiones en el manejo de los bienes y el dinero. En medio de todo esto, aparece el diezmo como algo central en el dar a Dios, que se constituye en la señal de su pacto como viajero con su Dios, llegando a ser una línea por debajo de la cual no debería moverse. Una última referencia en cuanto a dar para Dios es la relativa a involucrarse financieramente en lo que llamo las "causas de Dios", esto es, todo aquel proyecto, emprendimiento o desarrollo que haga a Dios visible a los ojos de la gente.

Aprendemos entonces del viajero a mantener una actitud sana de lucha hasta obtener lo que nos pertenece en el ámbito de las finanzas personales. Aprendemos además que debemos movernos en nuestras finanzas personales de manera tal que aseguremos la bendición de Dios porque esto es vital para tener una vida financiera libre. Y aprendemos finalmente que, como viajeros de Dios, debemos involucrarnos financieramente en las causas de Dios.

Lección 10

MANTENGA UNA CONEXIÓN VIVA

A lo largo de todo el capítulo 15 del Génesis, encontramos una secuencia de asuntos tremendamente importantes para la vida de Abraham, el viajero, todos ellos enmarcados en el contexto de un encuentro con Dios.

Es crucial que también usted, como viajero, entienda la necesidad de mantener una conexión viva con Dios. Esta conexión requiere que usted busque las oportunidades y las maneras de refrescar continuamente su conexión espiritual. Hay dos argumentos clave para comprender lo expuesto aquí:

> *"Entonces dijo Dios: «¡Hagamos al hombre a nuestra imagen y semejanza! ¡Que domine en toda la tierra sobre los peces del mar, sobre las aves de los cielos y las bestias, y sobre todo animal que repta sobre la tierra!» Y Dios creó al hombre a su imagen. Lo creó a imagen de Dios. Hombre y mujer los creó".*[1]

En la narración de la creación encontramos un patrón claro en el que Dios ligó cada ser vivo con un ambiente específico donde pudiera ser, existir y moverse. Al crear las plantas habló a la tierra, al crear las aves habló a la expansión, al crear los seres acuáticos habló a las aguas. Sin embargo, justo antes de llegar al punto de la creación del ser humano hay un giro, y ahora Dios "suelta" su Palabra hacia sí mismo.

Este ambiente del que hablamos fue más que simplemente un lugar en el que cada ser se mantuviera vivo. Fue más bien la descripción de un ambiente integral para cada ser, un ambiente apropiado para que creciera, para que fructificara, para que mostrara su belleza, para que mostrara su peculiaridad; en pocas palabras, un ambiente apropiado para que de verdad "fuera", en el que mostrara su esencia. Para el caso del ser humano, ese ambiente fue Dios mismo, pues la palabra creativa que Él soltó la dirigió hacia sí y no hacia los elementos.

Es Dios el ambiente único, la atmósfera completa en la que el hombre y la mujer pueden "ser".

Es Dios el ambiente único, la atmósfera completa en la que el hombre y la mujer pueden "ser"; fuera de este ambiente, el ser humano es un simple remedo de aquello para lo que fue pensado y una escasa aproximación a su verdadera esencia.

> *"Así fueron terminados los cielos y la tierra y todo lo que existe. Dios terminó en el día séptimo la obra que hizo; y en ese día reposó de toda su obra. Y Dios bendijo el día séptimo, y lo santificó, porque en ese día reposó de toda su obra."*[2]

En el orden de la creación, el momento asignado para cada ser vivo no fue algo anecdótico; más bien fue deliberado y muy significativo. Para el caso del ser humano, siendo posible desde el punto de vista geológico y biológico que fuera creado antes, tan solo en el día sexto del orden de la creación fue puesto en escena. Entre las varias implicaciones de este hecho, una relevante es que la primera experiencia de vida del recién creado estaría unida a lo que el día séptimo significara, pues este sería apenas el día primero de la existencia suya. Pensando en esto me atrevo a afirmar que el patrón establecido detrás de ese hecho es que usted, como viajero, fue diseñado de manera que pueda y requiera además experimentar y moverse en el reposo de Dios; todo lo que sea que ese reposo signifique.

Experimentar a Dios

Una de las verdades interesantes que se revela en la experiencia de David, el rey de Israel, es precisamente la que tiene que ver con "probar" a Dios, con experimentar a Dios de una forma íntima, personal y cercana.

> *"Gustad y ved que es bueno Jehová. ¡Bienaventurado el hombre que confía en El!"*[3]

El rey David afirma que Dios puede ser "gustado", con lo que enfatiza la idea de experimentar a Dios. Si bien hay una gran diferencia entre buscar experiencias y buscar a Dios, es cierto que al buscar a Dios es posible encontrarse con las experiencias más abrumadoras e increíbles que se haya alguien imaginado. No estoy abogando por la búsqueda de experiencias místicas, engañosas, o pseudoespirituales, pero sí por encuentros genuinos con Dios que son fácilmente identificables:

- **Las experiencias con Dios, cuando son verdaderas, se pueden reconocer por su armonía con la Palabra de Dios.** La primera gran prueba de cualquier encuentro de orden espiritual es el examen de la Escritura. Si esa experiencia es correcta, no irá ni en menoscabo ni en contradicción con la revelación de Dios a los hombres, la cual es su Palabra.

- **Las experiencias con Dios, cuando son verdaderas, se pueden reconocer por sus resultados.** Cuando se da un encuentro real con Dios, este dejará una marca indeleble en el estilo y en la condición de vida de quien lo experimenta. Esta es una de las más bellas lecciones que se desprenden del siguiente relato:

  "Cuando Jacob se quedó solo, un hombre luchó con él hasta que amaneció; pero como el hombre vio que no podía vencer a Jacob, lo golpeó en la coyuntura de la cadera, y esa parte se le zafó a Jacob mientras luchaba con él".[4]

Jacob vivió aquí la que quizás fue su mayor experiencia espiritual. En medio de tantos detalles significativos, quiero destacar el relativo a su cadera descoyuntada. La imagen de un toque que produce un efecto tan contundente no puede pasar desapercibida porque de alguna manera enfatiza lo que estamos diciendo, pues en este caso el encuentro de Jacob con quien era aparentemente un ángel, dejó una marca permanente en su caminar desde ese día y para siempre. Fue después de esto que Jacob logró ser bendecido, lo que él había deseado desesperadamente durante toda su vida. Su cojera fue la evidencia de su encuentro espiritual.

- **Las experiencias con Dios, cuando son verdaderas, se pueden reconocer porque resisten la objeción y el examen**

que se les quiera plantear. No es una buena señal que alguien quiera imponer una experiencia espiritual sin admitir el examen, sin aceptar la pregunta, sin revisión de ninguna clase. Hay que entender que una experiencia no se valida simplemente por el hecho de haber sido cierta, sino por si ella proviene verdaderamente de Dios.

Los encuentros con Dios y sus beneficios

Cuando revisamos de nuevo todo el relato de Génesis que mencionamos al principio, es fácil ver los beneficios que trae a la vida del viajero un trato profundo con Dios. El acompañamiento divino le proporciona al viajero al menos cinco beneficios:

- **Los encuentros con Dios lo liberan a usted, como viajero, del temor al futuro.** Uno de los grandes males de muchos viajeros es precisamente la pérdida del sentido de futuro. Las malas experiencias a veces vividas, las frustraciones mal tratadas, la pérdida de la visión de vida y otros eventos del pasado hacen que el futuro eventualmente luzca como una ola gigante que parece aplastarlo a usted en su avance. Los encuentros con Dios le brindarán a usted, como viajero, la capacidad para "surfear" en la cresta de esa ola amenazante en que a veces se convierte el futuro.

  "Después de estos sucesos, la Palabra de Hashem se presentó a Abram en una visión, diciéndole: "No temas Abram" Yo soy para ti un escudo, tu recompensa es muy grande."[5]

- **Los encuentros con Dios lo sacan a usted, como viajero, del encierro de una "visión de tienda" y lo llevan a comprender**

el "sueño de grandeza" de Dios para usted. No se inquiete ni se confunda cuando le hablo de grandeza, pues en realidad le estoy hablando de la grandeza inherente a todo aquello que es dado por Dios. Le estoy hablando de grandeza en el sentido del efecto a largo plazo que tienen su vida y su viaje. Le estoy hablando de grandeza en el sentido del valor y la dignidad del llamado de Dios para su vida, independientemente del campo en el que el mismo se vaya a cumplir. Por eso afirmo, de manera contundente, que el asunto de una visión de vida es central para que usted como viajero pueda avanzar con ánimo y con dedicación, y es muy importante que un sentido correcto de grandeza acompañe su camino. La ausencia de esa visión y de ese sentido de grandeza puede reducirlo a lo que yo llamo una "visión de tienda".

> *"Dijo Abram: ¿"Mi Amo, Elokim, (de qué me vale todo lo) que puedas darme si no tengo hijos? El mayordomo de mi casa es Eliézer de Damesek (Damasco)" Dijo Abram: "Mira, no me has dado descendencia y un criado de mi casa me heredará! "Repentinamente, la palabra de Hashem se reveló a él, diciéndole: "No te heredará él, sino un producto de tu mismo cuerpo te heredará!" Entonces (Elokim) lo sacó afuera y le dijo: "Mira, por favor, hacia el cielo, y cuenta las estrellas, si es que la puedes contar". Y le dijo: "Así será tu descendencia".*[6]

Veo aquí a un Abraham casi deprimido, quizás con una sensación creciente de frustración, encerrado en la oscuridad de la noche en su tienda. Me parece que este cuadro describe a la perfección las sensaciones que muchas veces lo acompañan a usted como viajero: ansiedad, frustración, duda, una especie de debilitamiento generalizado, una conciencia de las limitaciones y de las incapacidades; todo esto como el sabor de un trago íntimo de amarga impotencia. Por fortuna, Abraham trata todo esto con Dios, y de esta manera comienza a salir de la intoxicación de sus pensamientos negativos.

Se dice que a Abraham en Ur de los caldeos, su ciudad natal, le habían pronosticado mirando a las estrellas que jamás tendría un hijo. Dios revierte ese oscuro pronóstico y comienza a poner en Abraham su sueño de grandeza. Recuerde, querido viajero, que no hablo de una grandeza centrada en la persona misma, sino de la grandeza desde la perspectiva de Dios que tiene relación con el impacto a largo plazo que se deje, con el efecto de bendición legado sobre otros, y con los cambios provocados como resultado de la vida del viajero. El punto aquí esencialmente es que el encuentro del viajero con su Dios le proporcionó una visión de grandeza en lugar de su visión de tienda.

- **Los encuentros con Dios le proporcionan a usted, como viajero, un conocimiento renovado y personal de Dios.** Aunque esto pueda sonar a obviedad o a frase de cajón, la verdad es que un viajero necesita pasar del conocimiento intelectual al conocimiento vivencial en su experiencia con Dios. La naturaleza del viaje de la vida demanda que usted necesite este tipo de encuentros en los que reciba o reafirme la palabra que Dios ha direccionado a su vida, porque ello resulta en una fe viva en Dios, una fe liberada de su encierro.

Un viajero necesita pasar del conocimiento intelectual al conocimiento vivencial.

"Y Abram creyó en el SEÑOR, y Él se lo reconoció por justicia. Y le dijo: Yo soy el SEÑOR que te saqué de Ur de los caldeos, para darte esta tierra para que la poseas."[7]

- **Los encuentros con Dios le proporcionan a usted como viajero una visión profética de su entorno, de su tiempo y de sus generaciones.** Estar bien ubicado, en el sentido integral de la palabra, en cuanto al momento que se vive, es crucial para concretar asuntos esenciales de su viaje. Si a organizaciones y empresas de la más diversa índole se les enseña a desempeñarse a partir de una correcta comprensión del entorno y de una visión prospectiva para "atacar" el futuro de manera adecuada, cuánto más cada viajero requiere de una visión profética de estos mismos asuntos. Tenga en cuenta que el futuro no es necesariamente un espacio al que usted arriba, sino un espacio que usted construye.

> El futuro no es un espacio al que usted arriba, sino un espacio que usted construye.

Al decir visión profética no estamos apelando al aspecto más "ritual" de lo profético muy conocido por muchos, sino a la cualidad esencial que debe tener la visión del entorno y de lo porvenir, que debe provenir de Dios mismo. Hablamos de una visión inspirada, comunicada desde el cielo al corazón del viajero en sus muchos encuentros con Dios.

Muchos de los personajes bíblicos antiguos mostraron esa faceta en diversas oportunidades. Tuvieron la capacidad de entender bien el tiempo en que vivían y el potencial de influencia generacional que ellos tenían; cuánto más quienes hoy hacen su viaje tomados de la mano de Jesús, que pueden entrar en esa misma dimensión y entendimiento.

> *"El Señor le dijo: Debes saber que tus descendientes vivirán como extranjeros en tierra extraña, donde serán esclavizados y maltratados durante cuatrocientos años. Pero yo castigaré a la nación que los esclavizará, y luego tus descendientes saldrán en libertad y con grandes riquezas. Tú, en cambio, te reunirás en paz con tus antepasados, y te enterrarán cuando ya seas muy anciano. Cuatro generaciones después tus descendientes volverán a este lugar, porque antes de eso no habrá llegado al colmo la iniquidad de los amorreos."*[8]

- **Los encuentros con Dios afirman el corazón de usted, como viajero, con promesas de Dios para la vida y para la posteridad.** Recorrer el camino de la vida sin tener sentido generacional le roba mucho sentido a la existencia. Si usted se ve a sí mismo como alguien que de alguna manera no muere, que sigue a través de sus generaciones por venir, seguramente asumirá su vida de una manera más dedicada y mucho más responsable. El cálculo de lo por venir, de los efectos futuros de lo que su viaje es hoy, de los costos o de los beneficios que muchos otros van a recibir por causa suya, con seguridad le dará una perspectiva de su camino muy interesante. Lo llenará de alegría sabiendo que usted sigue por medio de sus obras, a pesar de que algún día cierre sus ojos a la dimensión de espacio y tiempo. En sus encuentros con Dios a lo largo de su camino, va a escuchar lo que Dios tiene pensado hacer con sus generaciones futuras, y eso lo llenará de aliento para que no se rinda jamás.

"En aquel día el Señor hizo un pacto con Abram. Le dijo: A tus descendientes les daré esta tierra, desde el río de Egipto hasta el gran río, el Éufrates."[9]

Lección 11

NO JUEGUE CON SU PROMESA

"Saray, la esposa de Abram, no le había dado hijos. Pero como tenía una esclava egipcia llamada Agar, Saray le dijo a Abram: El Señor me ha hecho estéril. Por lo tanto, ve y acuéstate con mi esclava Agar. Tal vez por medio de ella podré tener hijos. Abram aceptó la propuesta que le hizo Saray. Entonces ella tomó a Agar, la esclava egipcia, y se la entregó a Abram como mujer. Esto ocurrió cuando ya hacía diez años que Abram vivía en Canaán. Abram tuvo relaciones con Agar, y ella concibió un hijo. Al darse cuenta Agar de que estaba embarazada, comenzó a mirar con desprecio a su dueña. Entonces Saray le dijo a Abram: ¡Tú tienes la culpa de mi afrenta! Yo puse a mi esclava en tus brazos, y ahora que se ve embarazada me mira con desprecio. ¡Que el Señor juzgue entre tú y yo!"[1]

Comienzo diciendo algo que usted como viajero necesita tener muy claro: es una gran equivocación no involucrar a los cercanos en el entendimiento de la promesa que se ha recibido de parte de Dios. Me parece que, por el contexto del diálogo entre Abraham y Sara, había cierta falta de claridad en

Sara en cuanto al contenido y a la naturaleza de la promesa que Dios les había dado a ambos.

La verdad es que no es extraño que un viajero cometa esa misma equivocación. Da por sentado que quienes le rodean comprenden bien de qué se trata lo que Dios ha prometido, sin encargarse de concretar esa comprensión en ellos. Me parece que esto pone en riesgo el cumplimiento de la promesa, y además introduce al viajero en un trato liviano con ella. Encontramos en el relato del diálogo entre Abraham y Sara unas consecuencias visibles de esta omisión seguramente involuntaria:

Es una gran equivocación no involucrar a los cercanos en el entendimiento de la promesa que se ha recibido de parte de Dios.

- Sara sentía que era Dios el causante de su esterilidad. Ella no podía apreciar el verdadero carácter del Creador que la quería convertir en madre de generaciones, en parte porque tenía cierta tendencia a culpar, que me luce bastante evidente. Anima a su marido a acostarse con su esclava apoyada en el argumento de que es Dios el responsable de su esterilidad. Cuando comienza a ver consecuencias inesperadas e indeseables de su argumento, entonces señala a su marido como el responsable. Era evidente su tendencia a culpar, y se nota que estaba muy ajena al corazón y al carácter de su Dios.

- Sara se sentía excluida, ajena a la promesa dada por Dios a su marido. Puede suceder que quienes son cercanos al viajero que persigue una promesa, si no están debidamente involucrados en ella, al sentirse ajenos, de alguna manera compitan con ella. Por alguna razón, parece que Sara no entraba en el cuadro de la promesa que Dios le había dado a Abraham; parece que él siempre miraba sus posibilidades sin incluir en ellas a Sara.

- Sara le acomodaba lo natural a lo sobrenatural. Este es otro efecto del error del viajero: que su esposa tuviera una concepción demasiado natural de algo que era eminentemente sobrenatural como el cumplimiento de la promesa que Dios les había dado. Como una consecuencia lógica de todo lo que hemos mencionado, las ideas de Sara eran demasiado naturales, demasiado "humanas", al igual que sus propuestas, al igual que sus palabras y sus acciones.

> *"También le dijo Dios a Abraham: —A Saray, tu esposa, ya no la llamarás Saray, sino que su nombre será Sara. Yo la bendeciré, y por medio de ella te daré un hijo. Tanto la bendeciré, que será madre de naciones, y de ella surgirán reyes de pueblos. Entonces Abraham inclinó el rostro hasta el suelo y se rio de pensar: "¿Acaso puede un hombre tener un hijo a los cien años, y ser madre Sara a los noventa?" Por eso le dijo a Dios: ¡Concédele a Ismael vivir bajo tu bendición! A lo que Dios contestó: ¡Pero es Sara, tu esposa, la que te dará un hijo, al que llamarás Isaac. Yo estableceré mi pacto con él y con sus descendientes, como pacto perpetuo. En cuanto a Ismael, ya te he escuchado. Yo lo bendeciré, lo haré fecundo y le daré una descendencia numerosa. Él será el padre de doce príncipes. Haré de él una nación muy grande. Pero mi pacto lo estableceré con Isaac, el hijo que te dará Sara de aquí a un año, por estos días."*[2]

> *"Entonces ellos le preguntaron: ¿Dónde está Sara, tu esposa? Allí en la carpa, les respondió. Dentro de un año volveré a verte, dijo uno de ellos, y para entonces tu esposa Sara tendrá un hijo."*[3]

Está claro, me parece, que Abraham necesitaba incluir a su esposa de manera real en todo este asunto de su promesa. ¡Cuántas veces erramos por no incluir debidamente a los cercanos en los sueños que hemos recibido de Dios! A veces convertimos nuestra fe en algo demasiado individual, que deja a los cercanos fuera, y luego no podemos contar con ellos en el avance de la vida.

De aquí surgen un par más de lecciones para usted como viajero: recuerde que hay otros que son clave en el cumplimiento de su promesa; no los olvide, no los menosprecie. Sin embargo, también quiero decirle, querido viajero, que no acepte negociar la promesa recibida, aun si la negociación viene de sus amados y cercanos porque es probable que luego ellos mismos se lo reprochen.

> Hay otros que son clave en el cumplimiento de su promesa; no los olvide, no los menosprecie... no acepte negociar la promesa recibida.

La promesa no es un juego

> *"No sean, pues, idólatras, como fueron algunos de ellos, según está escrito: "El pueblo se sentó a comer y a beber. Y se levantó a jugar."*[4]

La declaración anterior está relacionada con un momento muy malo experimentado por el pueblo de Israel, un momento que podría describirse como de profundo desprecio por lo que eran y por la promesa de Dios para ellos, además de un momento de intensa oscuridad espiritual. Dentro de la descripción hecha de ese momento, es notorio lo relativo a "jugar" como una de las evidencias visibles de ese mal momento.

Es posible entonces que usted como viajero pueda jugar con su promesa; es posible que actúe de una manera no digna frente a ella, o de una manera no responsable, o de una manera inmadura. Permítame compartir con usted algunas maneras como creo que esto puede pasarle:

- **Apresurar la promesa** - Me refiero al hecho de inducir su cumplimiento de acuerdo con su criterio personal. Hay una diferencia entre moverse hacia la promesa y traerla a cumplimiento en términos propios. Es un error común en la vida de un viajero no comprender los diferentes tiempos o fases en el cumplimiento de su promesa. Algunos, como lo he hecho yo a veces, al recibir el llamado o la promesa, no comprendimos que suele haber un espacio de tiempo entre el momento en que la promesa se recibe y el momento en que ella llega a su cumplimiento. Hay una diferencia entre ser llamado para algo y ser enviado hacia ello. De Abraham mismo se declara lo siguiente:

  "Pues yo sé que mandará a sus hijos, y a su casa después de sí, que guarden el camino de Jehová haciendo justicia y juicio, para que haga venir Jehová sobre Abraham lo que ha hablado acerca de él".[5]

Se distinguen aquí de manera muy clara dos momentos en el proceso del cumplimiento de una promesa: “decir de” y “hacer venir” son momentos distintos y hay que aprender a diferenciarlos.

...“decir de” y “hacer venir” son momentos distintos

- **Manipular la promesa** - Acomodar la promesa recibida a una particular interpretación es otro de los riesgos. Es algo así como interpretar a Dios de manera temeraria e irresponsable afirmando que “lo que en realidad Dios quiso decir” fue esto o aquello; semejante a lo hecho por Sara cuando invitó a su esposo a acostarse con su esclava para traer de esa manera la promesa de Dios al supuesto cumplimiento.

- **Ignorar la promesa** - Esta acción tiene que ver con vivir su vida como si no existiera promesa alguna con la que está vinculada su existencia, como si no fuera usted parte de un sueño de Dios, de un propósito generacional; como si no fuera además un eslabón en la cadena de las generaciones.

- **Olvidar la promesa** - Aunque esto tiene una similitud con lo que acabo de decir, la diferencia esencial está en que siendo usted consciente de la existencia de una promesa de parte de Dios vinculada a su existencia, eventualmente decida darle la espalda a esa promesa y comience a vivir de una manera estrictamente natural, como uno más de los viajeros que recorren su camino sin Dios.

Abraham, la promesa y su silencio

Las acciones de Abraham evidencian que a pesar de su calidad interior de vida, él experimentaba algunos problemas de entendimiento frente a la promesa que Dios le había dado. Quizás luchaba con algunas otras cosas que no se mencionan de manera clara, pero sobre las que podríamos especular un poco teniendo en cuenta algunas de sus acciones. Para comenzar, por ejemplo, sin que aparentemente haya puesto mayores objeciones ni reparos a la sugerencia de su esposa respecto a la manera sobre cómo podrían hacer que la promesa de un hijo se cumpliera, él se acuesta con la joven esclava egipcia y abre la puerta a una serie de eventos que afectarían a toda la historia. De esa conducta, surgen interrogantes: ¿Por qué no hay un explícito reparo de parte de Abraham ante la propuesta de su esposa? ¿Por qué no hay una clara explicación de lo que Dios le había hablado para ella? ¿Por qué no "atrae" a su esposa hacia Dios mismo para ayudarle a salir de su actitud de queja y a entender lo que estaban viviendo?

Por el contrario, sin mediar mucha discusión, Abraham se acuesta con la joven esclava y de esa relación resultan acontecimientos muy importantes:

- Se crea una gran división entre Abraham y Sara, y un reclamo profundo de ella para el padre de la fe.

- Nace Ismael, rival a muerte de Isaac, el hijo de la promesa, una "amenaza" extra e innecesaria para lo que Dios había dicho.

- Este mismo Ismael se convierte luego en el padre de todo el pueblo árabe, el mismo pueblo que hasta hoy es adversario mortal del pueblo de Israel.

- Ismael, sin ser responsable de las conductas de sus padres, tiene que afrontar consecuencias de ellas, y es arrojado a una vida de orfandad.

Hay mucho silencio inexplicable, hay muchas omisiones, hay muchos espacios en blanco que hacen pensar que no siempre en la vida de nuestro viajero modelo hubo un buen trato hacia la promesa de Dios, como a veces pasa a muchos de los viajeros.

El peso de las malas decisiones

Todo lo que venimos tratando merece su atención como viajero, y lo debe llenar de razones por las cuales ha de ser serio ante las decisiones que tome a lo largo de su viaje, razones para no jugar con su promesa:

- Las decisiones clave en su vida son algo así como "compañías íntimas" con las que cohabita, con las que tiene intimidad. No son ellas simplemente "cosas que pasan" o accidentes de la vida, sino conectores entre el presente y el futuro de su caminar como viajero; puentes que unen sus tiempos; semillas que se siembran y que fructificarán sin duda en su futuro.

- Cohabitar (que es como tener sexo) con la decisión equivocada generalmente engendra "hijos" que luego "persiguen", a veces por toda la vida, con todo lo que eso implica en términos de desgaste espiritual, emocional y, eventualmente, financiero.

- Otro gran problema con las decisiones equivocadas es que eventualmente ellas van a provocar que alguien lo desprecie por su acción. Más allá de lo correctas que hayan sido la gran mayoría de las decisiones que usted como viajero haya tomado a lo largo de su viaje, cuando toma decisiones incorrectas es bastante probable que alguien mantenga hacia usted, desde ese momento en adelante, una actitud de desprecio, y que se estacione en cuanto a usted en una memoria referenciada estrictamente en su mala decisión.

> *"El mal olor de una mosca muerta echa a perder el mejor perfume. La tontería más pequeña afecta el prestigio de quien es sabio y honorable."*[6]

- Algo más que resulta de cohabitar con la decisión equivocada es que eso puede atraer sobre usted alguna clase de esclavitud. Si recordamos la conclusión a la que llega Pablo, el apóstol, al comparar a Agar y a su hijo con una vida de esclavitudes, podríamos afirmar que así como Abraham y Sara con su mala decisión dieron espacio para la manifestación de gente esclava en términos espirituales, de esa misma manera usted como viajero, al tomar malas decisiones, abre espacios de esclavitud para usted mismo o para sus descendientes.

- Por si todo lo dicho hasta aquí fuera poco, las decisiones equivocadas que usted, como viajero, tome provocarán que lleguen muchas acusaciones contra usted. Para el caso de Abraham, las acusaciones y los señalamientos provinieron de su propia esposa, quien lo responsabilizó de la humillación que recibía de parte de su esclava, y lo emplazó delante de Dios mismo. Lo que está en discusión aquí no es lo justo o injusto de estas situaciones para un viajero, sino la realidad de lo que puede pasar como resultado de malas decisiones.

Sin embargo, no puedo cerrar esta lista de comentarios y advertencias sin también afirmar que, a pesar de todo, el Dios de toda misericordia siempre va a procurar sacarle partido aún a las peores decisiones de sus viajeros. Mire usted que en todo caso Dios bendijo a Ismael, le dio una herencia, y estuvo con él hasta donde podía ser esto "posible" frente al plan maestro de Dios para las generaciones.

Lección 12

CAMINE EN EL PACTO DE DIOS

"Cuando Abram tenía 99 años, se le apareció Yahveh y le dijo: «Yo soy El Sadday, anda en mi presencia y sé perfecto. Yo establezco mi alianza entre nosotros dos, y te multiplicaré sobremanera.» Cayó Abram rostro en tierra, y Dios le habló así: «Por mi parte he aquí mi alianza contigo: serás padre de una muchedumbre de pueblos. No te llamarás más Abram, sino que tu nombre será Abraham, pues padre de muchedumbre de pueblos te he constituido. Te haré fecundo sobremanera, te convertiré en pueblos, y reyes saldrán de ti. Y estableceré mi alianza entre nosotros dos, y con tu descendencia después de ti, de generación en generación: una alianza eterna, de ser yo el Dios tuyo y el de tu posteridad. Yo te daré a ti y a tu posteridad la tierra en que andas como peregrino, todo el país de Canaán, en posesión perpetua, y yo seré el Dios de los tuyos.» Dijo Dios a Abraham: «Guarda, pues, mi alianza, tú y tu posteridad, de generación en generación.»[1]

Llegamos aquí a un punto crucial en la vida del viajero. Lo encontramos en un momento de su vida que se podría describir como de "casi", como de "estar a punto de". Este es un punto crítico del viaje, donde se puede abandonar o se puede avanzar.

Y usted, querido viajero, ¿no ha estado o está en un punto así en su viaje? Permítame compartir con usted alguna experiencia personal. Por allá en el año 1997, en medio de una terrible crisis en todo orden derivada de grandes equivocaciones personales, pude probar una serie de sensaciones, pensamientos, momentos llenos de dolor, oscuridad y tristeza. Comprendí lo que muchos viajeros que han abandonado sintieron en algún momento de sus vidas. Fue este un "punto de quiebre" en mi viaje, en el que pude quedar preso de resentimientos y amarguras, pude quedar doblegado ante pecados que lucían invencibles, pude quedar descorazonado y entregado. Entendí que es relativamente fácil amargarse y quedarse estancado en el viaje.

Pero ciertos encuentros personales con Dios me sacaron de allí, y ciertos retos ante los que Dios me puso. Comprendí que la pérdida del sentido correcto de identidad y el haber abandonado el lugar de Dios para mí eran en realidad la causa central de mi crisis. Todo esto hizo que me reafirmara en todos mis pactos relacionales, comenzando por el de familia. Me hizo mover además del punto de perdonar a quienes pensé que me habían hecho alguna clase de mal, al punto de devolverles a ellos mismos con bien, todo el mal recibido. Me ayudó a comprender el corazón humano y su maldad, incluyendo el mío propio, para desterrar la amargura de mi interior. Todo esto me ayudó a vivir un poco lo dicho por el Profeta Arthur Burt: "Si la vida te ha dado limones, haz limonada", y me ayudó en un momento decisivo, en un momento definitivo en mi viaje.

Quizás se pregunte, mi querido viajero, por qué le relato estas cosas en el capítulo final de este libro. Lo hago porque quiero enfatizar con ello la importancia de ser consciente del pacto con Dios para poder avanzar, aun a pesar de todo, en la experiencia del viaje de la vida.

El pacto y la revelación

Como lo he dicho antes, los encuentros con Dios son cruciales siempre, particularmente en momentos como los descritos. Son puntos cruciales en el viaje, ya sean estos ocasionados por las crisis o sean simplemente momentos de grandes decisiones. Querido viajero, en su camino usted debería crear espacios y buscar los momentos para propiciar esos encuentros. Hablemos un poco de esto:

> *"Cuando Abram tenía 99 años, se le apareció Yahveh y le dijo: «Yo soy El Sadday, anda en mi presencia y sé perfecto».*[2]

"La palabra que te cambia no es la que oyes, es la que ves".

- Aparece de nuevo el asunto de "ver" como una clave para ser cambiado. Una vez más se subraya la importancia de los "ojos abiertos", los "ojos alumbrados", como diría el apóstol Pablo. Años atrás, el Espíritu de Dios me dijo: "La palabra que te cambia no es la que oyes, es la que ves". Entendí bien entonces la diferencia: si bien todo comienza por oír lo que Dios dice, se hace necesario entrar en una dimensión diferente frente a esa palabra, me refiero a "verla". Cuando hablamos de ver la Palabra, nos referimos a una especie de inteligencia espiritual que debe ser activada por el Espíritu de Dios; la experiencia de entenderla de una manera que trascienda la simple comprensión intelectual para entrar en una comprensión que brota del interior, del corazón, y que llena luego el intelecto. Eso es lo que llamamos "ver" la Palabra.

"Yo había oído hablar de ti, pero ahora mis ojos te ven."[3]

- Dejemos claro que a un encuentro con Dios generalmente le sucede una declaración divina, una palabra que incomoda, una demanda clara y seria. Y esto sucede porque a cada nivel de revelación de Dios en nuestras vidas le corresponde uno de exigencia. Desde esta perspectiva, ninguna revelación es "gratuita", sino que se acompaña de una exigencia concreta, de modo que no se quede todo en el terreno de la revelación, sino que trascienda verdaderamente al terreno de la vida misma del viajero.

Lo que sucede es que la revelación recibida cumplirá todo el propósito para el que es dada, siempre y cuando haya obediencia y apego al nuevo nivel de vida hacia el que esa misma revelación empuja. Si esto no sucediera, la revelación recibida podría diluirse y llegar a ser simplemente un recuerdo sin vida, algo así como una nostalgia carente de realidad, un conocimiento mental frío e intrascendente.

El propósito verdadero es atraerlos hacia Él mismo.

- Hay otro punto crucial en el versículo que estamos viendo: el propósito central de las demandas de Dios para sus viajeros no es que ellos muestren su gran capacidad de respuesta a las mismas. El propósito verdadero es atraerlos hacia Él mismo. Por eso vemos que el énfasis de Dios está en sí mismo antes que en su demanda. Este es el mismo patrón que vemos en las cartas de los apóstoles en el Nuevo Testamento, cuando previo a cualquier indicación o exigencia de los apóstoles para las iglesias, hay declaraciones que enfatizan lo que Dios les ha dado, lo que ellos son ya en Cristo, las realidades nuevas que hay en ellos a causa de la obra de Dios en sus vidas. Solo después de afirmar estas cosas vienen las demandas.

Por eso vemos aquí cómo Dios se describe a sí mismo con el nombre El Shadai. Este nombre habla del poder de Dios, habla de su capacidad para sostener, habla de su habilidad de sustentar como la madre lo hace con su hijo recién nacido al amamantarlo. Como puede verse, la verdad es que en medio de la demanda que acompaña la revelación recibida, lo que más se enfatiza es la capacidad de Dios que Él quiere impartir al viajero, y que debe ser el enfoque central de cualquier viajero que desee cumplir las demandas de su Dios.

- Después de todo lo que hemos visto, Dios dice: "anda delante de mí...". Con esto le habla al viajero acerca de la importancia en el viaje de mantener conciencia de su presencia, le habla de transparencia (una vida desnuda a los ojos de Dios), le habla de estar apartado, santificado (no en santurronería ni en fanatismo religioso, sino como la experiencia de mantener la vida toda enfocada en un propósito, de vivir un estilo de vida coherente con la identidad que Dios mismo ha dado) y le habla de mantener cercanía.
- Todo esto llevará al viajero a vivir una vida que mantiene unidad consigo misma; es decir, una vida completa e íntegra.

Es importante que todo viajero comprenda que la santidad de la que la Biblia nos habla va de lejos mucho más allá de una buena norma moral o ética, o de simplemente llegar a ser una buena persona. La santidad de la que hablamos es la implantación misma del carácter de Dios en lo más profundo del interior de sus viajeros. No olvidemos que se puede ser bueno y sin embargo no ser santo, porque la santidad demanda profundos encuentros con Dios, pues ella es un resultado de una experiencia cercana de vida con Dios.

> La santidad es la implantación misma del carácter de Dios en lo más profundo del interior.

El pacto y sus cláusulas

Dios entonces reafirma su pacto con el viajero para ayudarlo a continuar, para animarlo a entrar en una nueva etapa de su viaje. En medio de todo ese relato, podemos ver también un patrón del pacto de Dios con todo viajero. Hay una serie de declaraciones de Dios en cuyo contenido se nos muestran algunos aspectos esenciales del pacto de Dios con cada viajero. Veamos lo que podemos llamar las cláusulas de ese pacto:

- Usted como viajero es un enlace de Dios entre las generaciones, y se le da la capacidad de construir futuro.

- Usted como viajero tiene un nombre, una identidad dada por Dios que define quién es realmente y describe su tarea en el mundo.

- Usted como viajero tiene la capacidad de influir decisivamente en la vida de otros; Dios lo ve a usted como viendo a pueblos enteros.

- Usted como viajero tiene la capacidad de ser fructífero.

- A usted como viajero se le entrega un territorio, una herencia que Dios quiere que sea poseída por usted y por sus hijos.

Quiero concluir este capítulo, y concluir así este libro, haciendo sobre usted como viajero la declaración que se hace sobre nuestro viajero insigne, Abraham:

> *"Cuando Abram tenía noventa y nueve años, Dios se le apareció y le dijo: "Yo soy el Dios todopoderoso. Obedéceme siempre y pórtate con honradez. Voy a hacer un pacto contigo: voy a hacer que tengas muchos descendientes".*[4]

NOTAS

Introducción: La vida, un viaje

1. Proverbios 4:18, DHH
2. Salmos 139:14-16, NVI

Prólogo: Las dos dimensiones del viaje

1. Génesis 2:7, Septuaginta
2. Eclesiastés 3:11, LBLA
3. Génesis 1:1, NVI
4. Jeremías 1:5, RVR-1995

Lección 1: No hay avances sin salidas

1. Génesis 12:1, RVR-2000
2. Hechos 7:23-30, LBLA
3. Génesis 19:17, LBLA
4. Génesis 12:1, RVR-1960
5. Jonás 1:1-4; 3:1-3a, NVI
6. Isaías 30:21, Nueva Biblia Latinoamericana de Hoy
7. 2 Reyes 19:29, RVR-1960
8. Romanos 4:13, Peshita Español
9. Génesis 12:1, Torat-Emet
10. Juan 10:9, Peshita Español
11. Filipenses 3:13, Biblia de Jerusalén

Lección 2: Persiga su promesa

1. Génesis 12:2-3, NVI
2. Hebreos 11:8-10, LBLA
3. Génesis 12:2-3, Torat-Emet
4. Génesis 12:3b, Torat-Emet

Lección 3: No busque ayuda en el mundo

1. Génesis 12:10, NVI
2. Éxodo 16:2-3, PDT
3. 3 Juan 2, BAD
4. Mateo 10:39, PDT
5. Judas 6, DHH
6. Génesis 12:11-13, PDT

Lección 4: Regrese al principio

1. Génesis 13:1-4, NVI
2. Lucas 15:17, LBLA
3. 2 Timoteo 3:14, RVA
4. Marcos 10:2-8, DHH
5. Romanos 11:36, La Biblia Latinoamericana
6. Romanos 12:1-2, La Biblia Latinoamericana

Lección 5: Revise sus compañeros de viaje

1. Génesis 13:5.9, NVI
2. Lucas 12:34, Peshita
3. Mateo 6:5, BLS
4. 1 Corintios 10:23, Peshita
5. 1 Corintios 10:23, BAD
6. 1 Corintios 10:23, BLS
7. 1 Corintios 6:12, Peshita
8. 1 Corintios 6:12, BAD

Lección 6: Enfóquese en la visión

1. Génesis 13:14-18, NVI
2. Salmos 139:14-16, NVI
3. Job 42:5, NVI
4. Hebreos 11:13, RVR-1995

Lección 7: Confronte el ámbito espiritual

1. Génesis 14:14-16, NVI
2. Hebreos 11:10, PDT
3. Génesis 10:8-10, Torat-Emet
4. Hebreos 11:8-10, Peshita
5. Apocalipsis 17:4-5, Jerusalén
6. Apocalipsis 17:15, Jerusalén
7. Apocalipsis 17:18, Jerusalén
8. Mateo 12:43-35a, BLS
9. Mateo 17:14-18, BLS
10. Lucas 4:33-36, BLS
11. Hechos 16:16-18, BLS
12. 2 Corintios 11:3, NVI
13. 2 Corintios 11:14-15, NVI
14. Efesios 6:12, DHH
15. Deuteronomio 18:9-14, DHH
16. Efesios 6:11-13, CST
17. Efesios 4:27, PDT
18. Marcos 16:7-8, RVA
19. Santiago 4:7, NVI

Lección 8: Sirva a otros viajeros

1. Génesis 14:12-16, LBLA
2. Lucas 16:8, Nueva Biblia Latinoamericana de Hoy

Lección 9: Sea productivo y generoso

1. Génesis 14:16-20, NVI
2. Génesis 1:29, Biblia de Jerusalén
3. 3 Juan 2, DHH
4. 3 Juan 2, Septuaginta
5. Génesis 1:11, Jerusalén
6. Génesis 2:15, RVC
7. Génesis 1:26-28, DHH
8. Hebreos 7:1-3, NVI

Lección 10: Mantenga una conexión viva

1. Génesis 1:26-27, RVC
2. Génesis 2:1-3, RVC
3. Salmos 34:8, RVR-1995
4. Génesis 32:24-25, DHH
5. Génesis 15:1, Torat-Emet
6. Génesis 15:2-5, Torat-Emet
7. Génesis 15:6, LBLA
8. Génesis 15:13-16, NVI
9. Génesis 15:18, NVI

Lección 11: No juegue con su promesa

1. Génesis 16:1-5, NVI
2. Génesis 17:15, 21, NVI
3. Génesis 18:9-10, NVI
4. 1 Corintios 10:7, Nueva Biblia Latinoamericana de Hoy
5. Génesis 18:19, RVR-1995
6. Eclesiastés 10:1, RVC

Lección 12: Camine en el pacto de Dios

1. Génesis 17:1-9, Jerusalén
2. Génesis 17:1, Jerusalén
3. Job 42:5, RVC
4. Génesis 17:1-2, TLA